サブスクリプションで売上の壁を超える方法

西井敏恭
オイシックス
チーフマーケティング テクノロジスト

Business Logic and
Marketing Basics
in the Subscription Era

SE SHOEISHA

MarkeZine BOOKS

はじめに

この本を手に取っていただき、ありがとうございます。西井敏恭《としやす》です。

「サブスクリプションで売上の壁を超える」が本書のテーマですが、みなさんはサブスクリプションって、どんなビジネスだと思いますか。

毎月定額の、使いたい放題のサービス？

それとも、定期的に売上が立つ、収益性の高いビジネスモデルでしょうか？

初めにみなさんには、サブスクリプションに対して抱いているイメージを一度リセットしてほしいと思います。なぜならサブスクリプションは、新しいビジネスモデルの話ではなく、マーケティングの捉え直しの話だからです。

私は前著『デジタルマーケティングで売上の壁を超える方法』で、「マーケティングとは、売れ続ける仕組みづくりと、買いたい気持ちづくりである」と定義しました。

なぜかというと、これまでの日本のマーケティングは、広告をはじめとしたプロモーションに寄りすぎていたので、それを引き戻したいという想いがあったからです。とりあえず商品を買ってもらうことをゴールとし、そのためにプロモーションを行い、できるだけ顧客獲得単価を下げる打ち手が優先されてきました。

本当は、顧客と良い関係をつくり、その関係を続ける仕組みをつくることがマーケティングの役割なのですが、商品やサービスについて、顧客がどう感じているかを多角的に知るのは難しい時代だったのです。

しかし、スマートフォンやIoT(Internet of Things)、AIなどのテクノロジーが進化したおかげで、顧客のデータを集めることは以前よりも容易になりました。さらに、幅広い種類のデータを集められるようになったため、顧客の気持ちによりアプローチしやすくなっているのです。

つまり、プロモーションに重きを置いた、商品・サービスを買ってもらうことがゴールのマーケティングではなく、商品を買ってもらってから、サービスを契約してもらってからのマーケティングが考えられるようになっています。

これが、マーケティングの捉え直しであり、サブスクリプションにおけるマーケティングの基本でもあります。

テレビや雑誌が見られなくなった、広告が効かなくなったという実感は、みなさんももっていると思います。商品やサービスを売るまでがマーケティングの中心だった時代が、ついに終わろうとしている。

企業は、商品やサービスに継続的なメリットやベネフィットをもたせ、顧客が使い続けたいという気持ちをつくることを、マーケティングのゴールにしなければなりません。

サブスクリプションとは、顧客が商品やサービスを使い続けたい気持ちをつくること。

これを心に留めて、本書を読み進めてもらえると嬉しいです。

	1回	何回も
企業	売れる	売れ続ける
ユーザー	買いたい	使い続けたい

顧客が継続して使い続けたい、と思うマーケティングを考える

さて、本題に入る前に自己紹介もかねまして、私が「サブスクリプションについて語ろう」と思った理由をお話しさせてください。

私がマーケティング業界で仕事をするようになってから、約16年が経ちました。2003年頃からネット通販会社のウェブマーケターとしてキャリアをスタートし、6年間お世話になった化粧品会社のドクターシーラボでは、デジタルマーケティングの責任者を務めました。

そして2014年からは、オイシックス・ラ・大地のCMO、現在はCMT（チーフ・マーケティング・テクノロジスト）として関わり始めました。同時に、コンサルティング事業をしている株式会社シンクロを起業し、ECだけでなく、メディアやアプリ、スポーツチームなど、多くの企業を支援し、そのうち80％はサブスクリプションに取り組んでいます。

オイシックスでの私のミッションは、同社の事業成長とそれを支えるサブスクリプション・プラットフォームの確立です。

「オイシックスって、野菜のECじゃないの？」と思われる方が、いらっしゃるかもしれません。

もちろん有機野菜を中心とした食材のＥＣは行っていますが、実は「おいしっくすくらぶ」というサブスクリプションがメインの事業なのです。

オイシックスは、創業した２０００年からサブスクリプションに取り組んできましたので、「オイシックスは先見の明がありますね」とよくいわれます。しかし、創業メンバーからは「最初からサブスクリプションビジネスをやりたくて今の形になったわけではない」と聞いています。

オイシックスが提供したい「豊かな食卓をつくる」という価値を実現しようとしてきた結果、今のようなサブスクリプションの形になったのです。実際に２０００年当時、サブスクリプションという言葉を聞くことはほとんどなかったと思います。

おかげさまで、オイシックスの会員数は約20万人となり、サブスクリプションの「おいしっくすくらぶ」も、時代とともに変化をし続けています。この成長を支える土台に、サブスクリプション・マーケティングがあるのです。

気がつけば、サブスクリプションに取り組む企業やブランドが増えてきました。シンクロで支援している企業も、サブスクリプションで売上を伸ばしています。

一方で世間には、サブスクリプションの成長に伸び悩んだり、撤退してしまうサービスがあることも事実です。こうした状況は、インターネット市場が盛り上がり、「これからはネット通販だ」とさまざまな企業が進出した2000年代と似ているなと思います。あのときも、ネット通販で大きく成長した企業がある一方、すぐに撤退した企業も少なくありませんでした。

サブスクリプションとは、「顧客が商品やサービスを使い続けたい気持ちをつくること」といいましたが、サブスクリプションの難しさは、まさにこの顧客に使い続けてもらうことに他なりません。これが売上の壁として、私たちの前に立ちはだかります。

ですが、サブスクリプションは、面白くて挑戦しがいのあるビジネスだと私は実感しています。ちゃんと取り組めば、売上の壁は超えられます。

サブスクリプションを一時期の流行で終わらせては、もったいない。私が知るサブスクリプションのノウハウを広く伝え、多くの企業と顧客の幸せにつなげたい。

そんな想いから、この本を書くことになりました。

本書では、サブスクリプションの始め方から成長のさせ方までをわかりやすく実践的に解説しています。自社のサブスクリプションを成長させたい、改善したいと考える方にとって少しでも得るものがある内容にまとめました。

また、これからサブスクリプションに挑戦したいと考える方には、ぜひ本書を予習として読んでいただきたいと思います。そして、サービスがスタートしたときに復習がてら本書に立ち戻る。机上の空論ではなく、実践に役立つ一冊になれば嬉しいです。

それでは一緒に、サブスクリプションで売上の壁を超える方法を見ていきましょう。

目次

第1章 サブスクリプションとは何か

第2章 サブスクリプション・マーケティングとは

第3章 サブスクリプションの事業のつくり方

第4章 サブスクリプションのKPI

第5章 サブスクリプションの事業計画を立てる

第6章 顧客中心の組織をつくる

終章 サブスクリプションとこれからのマーケティング

第 1 章

サブスクリプションとは何か

サブスクリプションの定義

サブスクリプションは「使い続けたい気持ち」をつくる

みなさんは現在、どのようなサブスクリプションのサービスを使っていますか？

ネットフリックス（Netflix）に代表される動画配信サービスや、スポティファイ（Spotify）などの音楽配信サービスでしょうか。

たくさんの雑誌から読みたいページだけを読める、雑誌読み放題のサービスも人気ですね。

ファッションや鞄、時計のサブスクリプションには、好みが変わっても借り換えができる柔軟なサービスもあります。

では、それらのお気に入りのサービスはどのくらいの期間使っていますか？

初月無料の期間から有料会員になったばかりの方や、1年近く使っていてもう手放せない、といった方もいると思います。そこにはどのような気持ちがあるでしょうか。

おそらくシンプルに、**「商品・サービスを使い続けたい」という気持ち**があるはずです。

この気持ちは、サービスの提供側からすると、顧客生涯価値（LTV：Life Time Value）という言葉に置き換えて考えることができます。

LTVとは、顧客が生涯を通して企業にもたらす利益のことです。顧客との関係性が

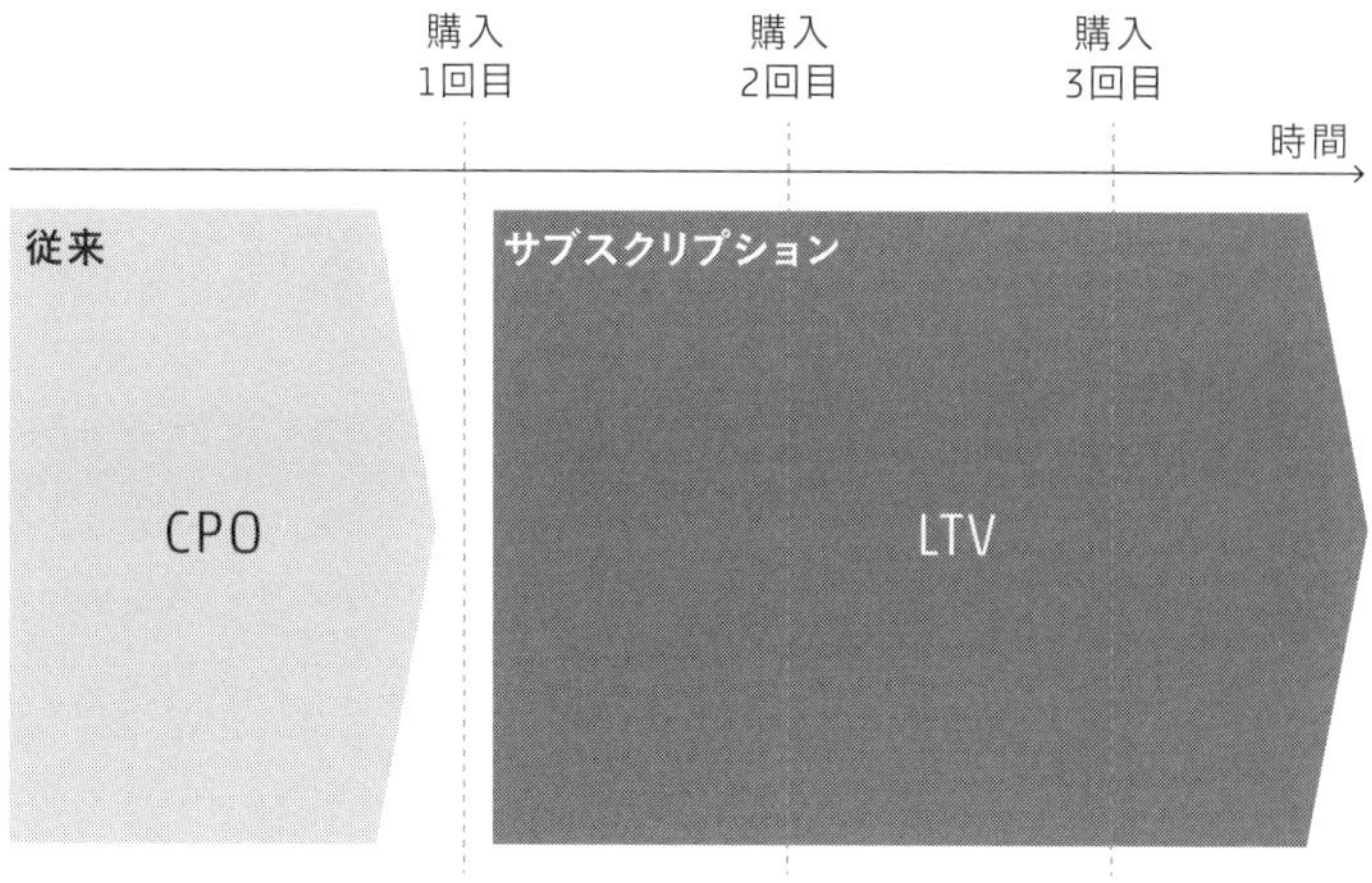

1回目の購入から始まるサブスクリプション

強まれば強まるほどこのＬＴＶは伸びていき、確かな収益につながります。

従来のビジネスの大半は、顧客は１回購入すれば終わりだったので、購入１回目までの顧客獲得単価（ＣＰＯ：Cost per Order）が着目される傾向にありました。しかし、ＬＴＶが重要な指標になると、話は違ってきます。

企業は、顧客に「この商品・サービスを使い続けたい」と思ってもらえるようなマーケティングをしていかなければならなくなりました。

つまり、サブスクリプションとは、顧客と継続的につながってＬＴＶを伸ばし、ビジネスを成長させることなのです。

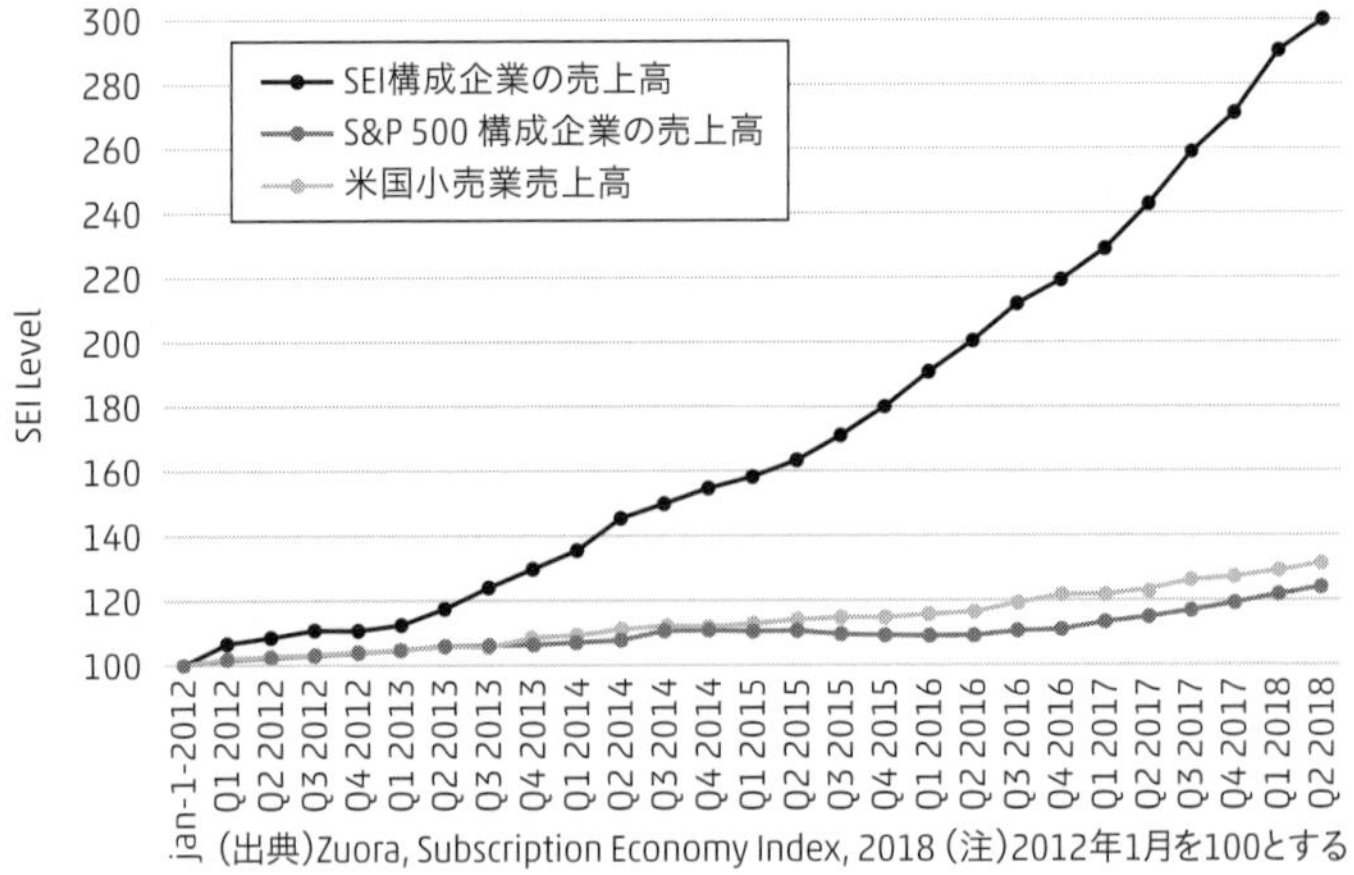

（出典）Zuora, Subscription Economy Index, 2018（注）2012年1月を100とする

SEI、S&P500構成企業、米国小売業の売上高成長率の比較

なぜ今、サブスクリプションなのか

サブスクリプションを管理するプラットフォームを提供しているズオラ（Zuora）の調査によると、同社が独自に定めているサブスクリプション・エコノミー・インデックス（SEI）という指標から、サブスクリプション・エコノミーが急速に発展していることが読み取れます。

ではなぜ、サブスクリプションが注目され、ビジネスとして伸びているのでしょうか。

企業は、**サブスクリプションがつくる顧客との関係づくりに、商機がある**と捉えています。

その理由を、フィリップ・コトラーが提唱するマーケティング1・0から4・0までの変遷を参考に考えてみましょう。

コトラーのマーケティング論をざっくり説明すると、次のように

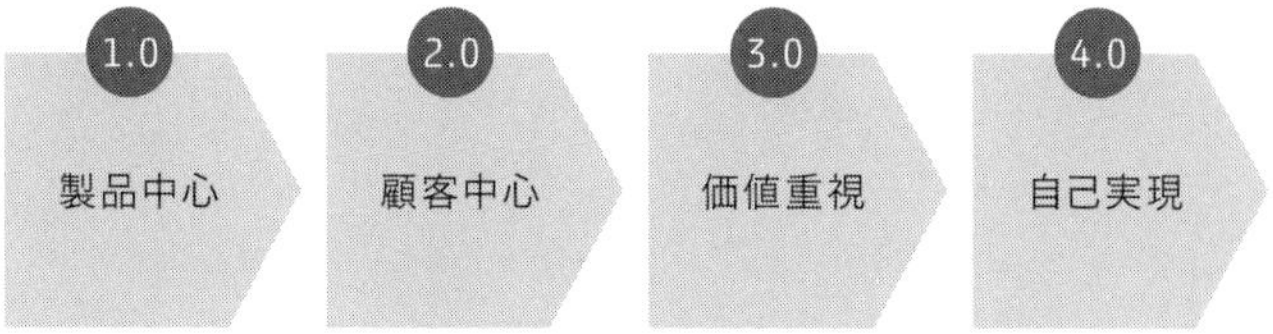

コトラーのマーケティング1.0から4.0までの変遷

なります。

マーケティング１・０とよぶ時代（１９００年代から１９６０年代）は製品を安くつくり、大量に売ることが主流の**製品中心のマーケティング**でした。

マーケティング２・０の時代（１９７０年代から１９８０年代）になると、顧客のニーズにそった製品をつくり、競合と差別化を図る、**顧客中心のマーケティング**に移ります。

マーケティング３・０時代（１９９０年代から２０００年代）では、デジタルが登場し、広告や製品の利便性以外の価値が求められる、**価値重視のマーケティング**となってきました。

そしてマーケティング４・０時代（２０１０年代〜）をむかえ、製品やサービスによって得られる体験から、顧客自身が満たされる、**自己実現のマーケティング**へと変貌しています。

このように、マーケティングの変遷のもとには、顧客が求めるものの変化があることがわかります。

ここでちょっと考えてほしいのですが、日本企業のマーケティングは、この１・０から４・０のどこに位置しているでしょうか。実は多くの企業がマーケティング２・０で止まっているといわれています。

私は「はじめに」で、「マーケティングとは、売れ続ける仕組みづくりと、買いたい気持ちづくりである」とお話ししました。

でも、従来のマーケティングは、企業が主体となり「どう売るか」を考えてきたように思います。そして、「売りたい」「買ってほしい」という気持ちを、テレビＣＭなどのマス広告やメディアを通して発信していたんです。

それがデジタル時代となったことで、消費者は企業からの情報をただ一方的に受けとめる立場ではなくなりました。

商品が気になったら、広告など企業が発信している情報以外のことを簡単に検索して、情報が正しいのかどうかを比較しますし、ＳＮＳや友人からの口コミも参考にします。

すると、**企業の「売りたい気持ち」は見透かされてしまう**んですね。だから、マーケティングで「売れ続ける仕組み」と「買いたい気持ち」をつくらなければならないのです。

ところが、いまだに「○○の機能でこんなに安い」「○○が今までのものよりさらに美味しくなった」「あの商品とは○○が決定的に違う」などといった他社との差別化や、機能性を押し出したマーケティング活動を展開している企業が多く、商品やサービスの開発においても、それらが重視されているように感じられます。

では視点を変えて、グローバル企業のスターバックスコーヒー（Starbucks Coffee）やアップル（Apple）、パタゴニア（patagonia）はどうでしょう。

これらのブランドは日本でも強く支持されていますが、顧客は価格や機能性だけで選んでいるとは思えません。

たとえばスターバックスコーヒーだったら、「コーヒーが美味しいから」「価格相応だから」などの理由よりも、「スタバで過ごす時間が好き」という気持ちで顧客から選ばれていることの方が多いのではないでしょうか。

言葉にはしないけれども、「スタバでコーヒーを飲むのが自分のライフスタイルに合っている」「スタバにいる人たちと自分は同じグループである」といった感情が心の中にあって、複数あるコーヒーショップの中からスターバックスを選んでいるのだと考えられます。

もちろん国内企業にも、マーケティング2・0から抜け出している企業はあります。スノーピークや星野リゾートは独自の価値をもち、「このブランドを好む自分が好きだ」という顧客の自己実現を形にしています。

でも、いうだけなら簡単で、**マーケティング3・0や4・0の領域にたどり着くのは、並大抵のことではない**んですよね。

プロモーションで商品・サービスを買ってもらうだけではこの先のビジネスは難しく、それらを使い続けて満足してもらわなければ、顧客の支持は得られません。

だから、顧客の「使い続けたい気持ち」をつくるサブスクリプションが注目されているのです。**サブスクリプションは、顧客データをもとに商品・サービスの改善を重ね、使い続けてもらい、顧客との関係性を深めます。**

すると顧客は、「このサービスを使っている自分っていいな」と感じることができるのです。

そこで初めて「モノよりコト」、つまりマーケティング2・0から3・0や4・0への飛躍が実現します。「コトを実現したモノ」は、顧客にとってかけがえのない存在となり、まわりの人に「このサービスおすすめだよ」といいたくなります。

おすすめされたまわりの人たちが気にいると、さらにそのまわりの人たちにおすすめしたり、SNSで広めたりしますから、同じようなコトを体験したい人がますます増えて、サービスが拡大しビジネスが伸びていくのです。

テクノロジーがマーケティングを変えた

もちろんこれまでのマーケティングも、顧客にヒアリングをしたり、購買データを参考にしたりして、商品開発やサービス改善をやってきたと思います。でも、それだけでは「顧客を知る」とはいえなくなっているんですね。

顧客に「うちの商品を使っていますか？」と聞いたとき、「はい」「いいえ」の回答を得るだけでは「顧客を知る」とは、到底いえません。顧客がその商品を「1週間でどのくらい使っているか」「1日のうちどのタイミングで使っているか」「1回あたりどのくらいの量を使っているか」「そのとき、どのような気持ちなのか」までを知らなくてはなりません。

でもこれらを、顧客一人ひとりに聞くことは難しいものです。顧客がずっとサービスを使い続けていても、なぜ使い続けているのか、どうして解約したのかを毎回聞くことは、これまでできませんでした。

また、人の好みの変化が早い現代では、顧客のことを知りたいと思い立って調査をしても、あっという間に使えなくなるデータとなってしまいます。

サブスクリプションがこれまでのマーケティングと異なるのは、「顧客を知る」マーケティングができることにあります。

それを可能にしたのが、デジタルマーケティングです。

デジタルマーケティングというと、バナー広告を出すとか、ウェブサイトのSEO対策をするといったイメージがあると思いますが、それらはウェブマーケティングの範囲となります。

ウェブマーケティングとは、マーケティングという大きな枠組みのうち、ウェブサイトを中心としたマーケティングを指します。

デジタルマーケティングとウェブマーケティングの違い

さきほど例に挙げた、バナー広告やＳＥＯ対策のほか、ＳＥＭ(Search Engine Marketing)やメールマガジン、アフィリエイト、アクセス解析などが代表的な手法です。

デジタルマーケティングは、ウェブマーケティングを含むより広い概念です。**デジタルマーケティングとウェブマーケティングは何が違うのかというと、データ活用の範囲に違いがあります。**

インターネットのない時代、企業と顧客の接点は、広告・紹介（リアルな口コミ）・店頭などに限られていました。たとえ、一度顧客と顧客と接点をもてたとしても、継続的につながることは難しかったと思います。

しかし、ネットが登場した今では、検索や双方向性のあるＳＮＳなど、オンライン上に顧客との接点が生まれただけでなく、オンラインサービスの利用履歴から顧客の行動データを把握して、顧客の気持ちを考えやすくなりました。

ＥＣであれば、「この商品を買う前に違う商品ページを見ているな。きっと比較したのだろう」というふうに考えられます。

さらにスマートフォンの登場が、顧客ＩＤに紐づいた大量のデータを生み出します。キャッシュレス決済のデータや位置情報、どんな写真を撮影し、ＳＮＳで誰とつながっているか。これまで得られなかった、商品・サービスを使っていないときの顧客データも簡単に集められるようになりました。

　これらオンラインのデータと、実店舗への来店や店員との会話など、顧客のリアル（オフライン）の行動から得られるデータを使って、顧客に最適な打ち手を出していくのがデジタルマーケティングなのです。

　さらに、新しいテクノロジーが登場しています。モノのインターネットとよばれるＩｏＴや、ＡＩです。ソフトウェアも、パッケージで販売され各自がＰＣにインストールするのではなく、クラウド上で提供されるＳａａＳ《サース》(Software as a Service）とよばれる形態に変わっています。

　サブスクリプションは顧客の使い続けたい気持ちづくりをするうえで、これらの新しいテクノロジーを利用していきます。スマートフォンやＩｏＴで顧客データを取ったり、ＡＩで分析してパーソナライズにつなげたり、ＳａａＳを通してサービスを提供したり、といった具合です。

　顧客との継続的な関係性づくりを前提とするサブスクリプションは、こうした**新しいテクノロジーを組み合わせることなしには、成り立ちません。**

サブスクリプションは月額定額制ではない

サブスクリプションはなぜ失敗するのか

さまざまな業種の企業がサブスクリプションに取り組んでいて、成功しているサービスもあれば、1年も経たずに撤退を選ぶサービスもあります。サービスを閉じた理由は、「会員数が伸び悩んだ」「ターゲットが違っていた」などいろいろと考えられますが、サブスクリプションにはある誤解がもたれているのではないでしょうか。

何だと思いますか？

それは、**サブスクリプションとは月額定額制のサービスである、という誤解**です。

実際にサブスクリプションと名乗る多くのビジネスが、その企業がすでにもっている商品やサービスを、月額ないし年間の定額料金で使い放題にしたモデルで展開しています。なので、サブスクリプションは定額利用や定期販売ビジネスだと思われている方が多いと思うのです。

しかし、「定額利用・定期販売＝サブスクリプション」ではありません。

結論からいいますと、**サブスクリプションとよべるのは、定期的な利用があり、かつデータが活用されている商品・サービスのみです。**都度利用はサブスクリプションではないことは、おわかりいただけると思いますが、定期的な利用があってもデータが活用されていないものは、サブスクリプションではありません。

その理由を、定期販売ビジネスの歩みとともにお話しします。

定期販売は、新聞や雑誌の定期購読、健康食品などの定期通

	都度利用	定期的な利用
データ活用あり	——	サブスクリプション
データ活用なし	——	——

・フィードバックの仕組みをもつ
・KPIや経営の考え方を変える
・組織の設計を変える

サブスクリプションの位置づけ

販、毎月違った品物が届く頒布会《はんぷかい》といったものに代表される、昔からあるビジネスモデルです。これらが支持されていた主な理由は、同じ物を何度も注文する手間が省けるからでした。

さらに、単品定期通販（1商品や1ブランドの商品だけをあつかう通販のこと）であれば、年間契約をすると、毎回個別に購入するよりも価格が下がるという、お得感もあります。

しかしそのメリットは、電話やハガキ、FAXで注文をしていた時代の話です。ECが当たり前となり、買い物はとても便利になりましたし、消費者は買う前に検索し、似たような商品や価格を比べます。

そうすると、ほしいときに1クリックで注文できるだけでなく、オフィシャルショップや年間契約で買うよりもずっと安い価格でよそから買うことができるようになったのです。

次第に**顧客は、決まった間隔で同じ商品が繰り返し送られてくるだけの定期販売に、メリットを感じにくくなりました。**また、商品を使い切っていなくても次の商品が届きますし、ライフスタイルが変わって違う商品に変更したいと思っても、商品のバリエーションが決まっているため、自分に合ったものを選ぶことができません。

顧客は、定価より数パーセント安いだけの定期販売になんとなく不満をもち続け、ある日ふと解約をしてしまうのです。

なので、たとえ紙のカタログをウェブサイトにのせて、購入方法を電話からネット申込みに変えても、定期販売モデルを続けているだけでは顧客数が伸び悩んだり、業績を落としてしまいます。実際に、そんな企業も多いのではないかと思います。

つまり、**今までの定期販売モデルには、顧客が商品やサービスを使い続けたいと思う要素が少ない**のです。

広告の限界

ここまでの話を読んで、「顧客が減ってしまうなら、広告で新規顧客を増やせばいいのでは？」と思う方もいるかもしれません。でも広告は、見られなくなっているだけでなく、そもそも顧客への影響度も下がっているんです。

うなずいている方もいるのではないでしょうか。広告をどうしていくかは、マーケターの悩みともなっていますね。

広告が効きにくくなった理由はいくつかありますが、大きくは**商品・サービスの差別化が難しくなった**からでしょう。企業にとって一番良いのは、広告を打たなくても商品・サービスが売れることです。そのようなものには、他社がマネできない独自性や利用するメリットがあります。そうでなくても、商品・サービスが差別化されていれば、広告でその独自性を訴求することができました。

しかしテクノロジーが進化したことで、製造・生産にも変化が起こり、すぐに似たり寄ったりの商品・サービスが生まれやすくなりました。画期的な機能や価値をもつものが、あっという間にコモディティ化してしまうのです。

たとえば、ユニクロのヒートテックが売れると、各社似たような保温性の高い衣類を販売しました。また、スマートフォン決済サービスもさまざまな種類が乱立していますが、機能そのものは似通っています。これが、商品・サービスのコモディティ化です。

すると、広告だけでは商品・サービスの違いがわからないため、顧客は何を買ったらいいかわからない。さらに顧客は、企業からの一方的な広告を信頼しなくなりました。**ネットで比較し、SNSや友人からの口コミを信頼する**のです。このことは、マーケティングの定義をお話ししたときにもふれました。

そもそも、広告を打って1回買って終わりの顧客を増やしても、ビジネスへの貢献はそのとき限りでしょう。売上の土台は、商品を買い続ける、サービスを使い続けてくれる顧客からつくられます。

冒頭で紹介した前著で書きましたが、ECの場合は新規顧客の50%が翌年も継続していないと、ある一定の規模を超えたときから売上が伸びなくなってきます。

とくに、ECや資料請求、各種の申込みなど、オンライン上で顧客に何かのアクションを求めるサービスは、商品やサービスを1件注文・契約するときのコスト（CPO）を重視します。

たとえばCPOが1万円のとき、その顧客が1年かけて何度か利用し、1万円以上の利益を出して翌年も継続するのであれば、広告を出す意味はあります。逆に、利益を得られなければ、広告はコストでしかないんです。

ちょっと強い言葉になってしまいましたが、私は**「広告がだめだ」という話をしているのではありません**。重要なのは、「差別化を伝えるだけの従来の広告は限界にきている」ということであって、ファンとよべる一定の顧客層に支えられたサービスであれば、広告の力は健在です。

第2章でお話ししますが、ファンがいる商品・サービスは広告に信頼感が生まれやすく、まだ利用していない人への認知に効果があると思っています。

逆にいうと、ファン層ができていない状態で広告を実施しても認知されづらいですし、まだ利用していない人に「使ってみたい」と思ってもらえることもなかなか難しい。実際に私が支援している企業においても、**ファン層のある・なしで、広告の効果が2〜5倍くらい違っています。**

すべての企業にサブスクリプションの可能性がある

従来のモデルからサブスクリプションに挑戦した企業

モノが溢れている現代では、広告で機能の差別化を訴求しても顧客に振り向いてもらえません。顧客に買ってもらったら終わりではなく、商品やサービスを顧客に使い続けてもらう関係性をつくることが理想的で、それを実現するのがサブスクリプションだということをここまで見てきました。

では、一体どうすれば、企業はサブスクリプションへシフトすることができるのでしょうか。

みなさんがよく知っている、サブスクリプションで成功している企業を例に考えていきます。

従来のビジネスモデルから脱却し、サブスクリプションへと大きく舵を切って成功したのは、アドビでしょう。1982年に創業し、長らくはフォトショップ（Photoshop）やイラストレーター(Illustrator）といったデザイナーやクリエイター向けのデジタル編集ソフトウェアを提供していました。

彼らが事業を転換したのは、2012年のことです。自社の資産であるデジタル編集ソフトを、クラウドで提供するサービスのアドビ・クリエイティブ・クラウド（Adobe Creative Cloud）へと切り替えました。

従来のモデルには戻らないと覚悟を決め、一時は売上が3分の1に減少してしまいましたが、今では業績を年々更新して、成長し続けています。

２０１８年には、マーケティングオートメーションツールのマルケト（Marketo）も買収し、こちらもサブスクリプションでサービスを提供しています。今やアドビは、マーケティング支援も担う企業なのです。

また、ネットフリックスは動画配信のサブスクリプションの代表格です。１９９７年の創業時はＤＶＤのレンタル事業をしていましたが、２００７年頃から動画配信事業へとシフトしました。

ユーチューブ（YouTube）のスタートが２００５年ですから、私たちがオンラインで動画を見ることに慣れ始めた頃ですね。

そして、巨大な動画配信プラットフォーマーとなったネットフリックスは、コンテンツメーカーに投資し、テレビや映画に引けを取らないオリジナルコンテンツを提供しています。

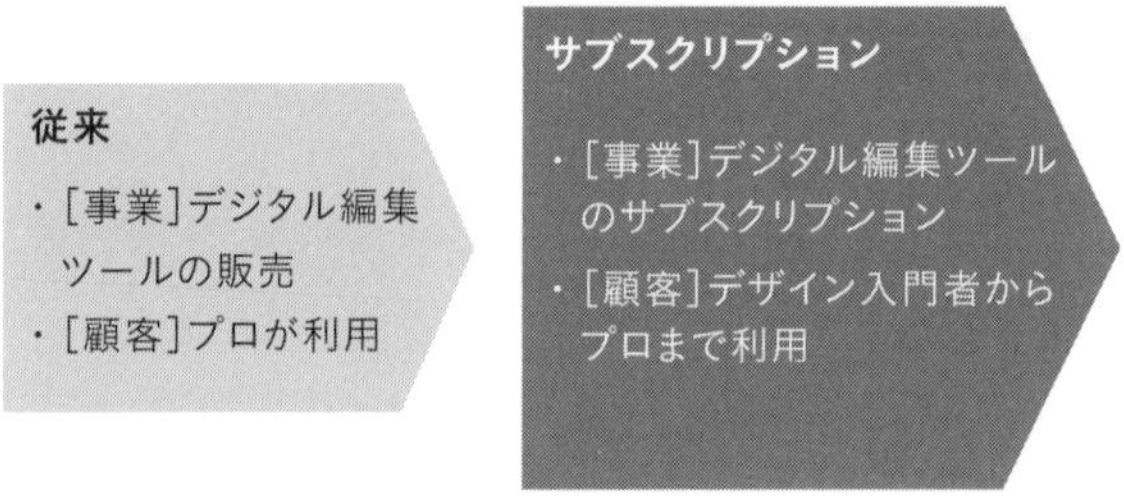
従来
・[事業]デジタル編集ツールの販売
・[顧客]プロが利用
サブスクリプション
・[事業]デジタル編集ツールのサブスクリプション
・[顧客]デザイン入門者からプロまで利用

アドビの事業転換

顧客の期待以上のサービスを提供する

この2社の軌跡を振り返ると、アドビは商品のパッケージ販売、ネットフリックスはＤＶＤのレンタルと、既存のビジネスを大きく転換させて、サブスクリプションを始めたことに気づきます。

両社ともに従来の都度販売というビジネスモデルを捨て、定期的・継続的に利用することを前提としたビジネスモデルに転換しているのです。つまり、**顧客に商品・サービスを届ける方法として、サブスクリプションを採用**しています。

第5章でお話ししますが、サブスクリプションは、ＬＴＶが伸びて顧客から支持を得るまでの間、赤字に耐える時期が続きます。サブスクリプションに転換した直後は、企業として一時的な売上が下がるという痛みを伴いながら、商品や

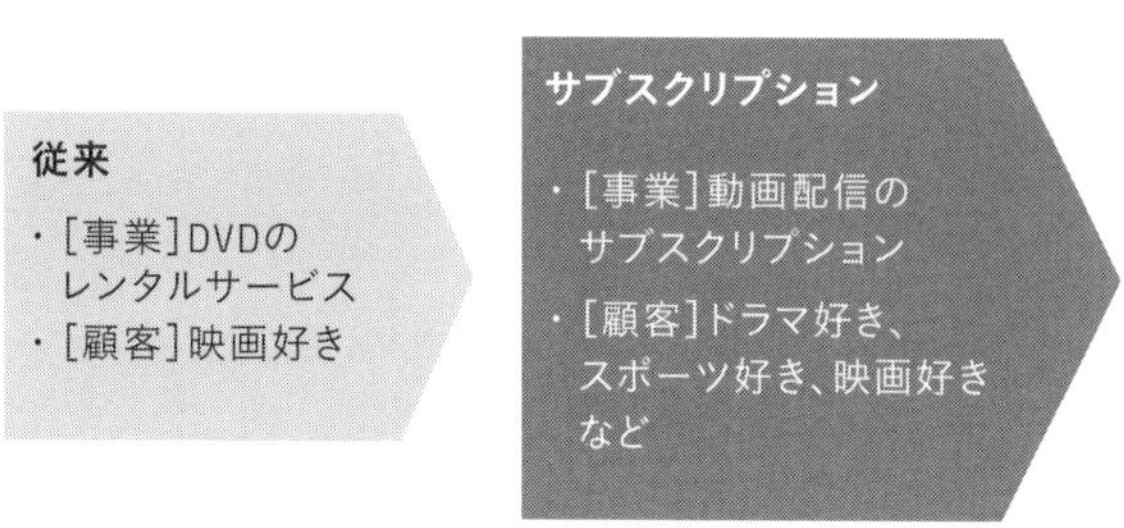
従来
・[事業]DVDのレンタルサービス
・[顧客]映画好き
サブスクリプション
・[事業]動画配信のサブスクリプション
・[顧客]ドラマ好き、スポーツ好き、映画好きなど

ネットフリックスの事業転換

サービスを開発する体制を根本から変えていく覚悟が必要です。

しかし、アドビやネットフリックスが既存の商品・サービスをオンラインで提供していただけでは、ここまでの成長は見込めなかったと思います。

さらに参考にしたい彼らの共通点は、**顧客が期待している以上のサービスを提供していること**です。アドビのクリエイティブ・クラウドを契約すると、複数のソフトウェアを使うことができます。たとえ初めて使うソフトがあったとしても、ポップアップで使い方を教えてくれますし、オンラインセミナーなども用意されています。

デジタル上でのクリエイティブの制作をクリエイターだけのものではなく、「自分でも編集をしてみたい」と思う初心者にも開放し、利用者のすそ野を広げているのです。

ネットフリックスは、プラットフォームから好きなときに何度も見られる映像コンテンツを提供するだけでなく、レコメンド機能で顧客ごとに最適化された作品を楽しんでもらう体験を届けています。さきほど紹介したように、オリジナルコンテンツの制作にも力を入れ、顧客の楽しみを増幅させています。

このように、オンラインのサービスにすることで顧客の利用状況を理解し、顧客の想像を超える体験を提供し続けていることが、両社の成功理由でしょう。**顧客は、これまでに**

はなかった体験を味わい、やりたいことを叶えるために両社のサービスを選んでいるのです。

まさに、サービスを使い続けることで顧客が自己実現するというマーケティング4・0を体現しています。

ユーザーのペインを解消する

よく、「どんなビジネスがサブスクリプションに向いていますか？」と聞かれますが、サブスクリプションは業種を問わないと思います。むしろ、どんな業種が向いているかというよりも、**「そこにユーザーのペインがあるか？」**を考えます。

ペイン（pain）とは痛み。つまり、商品やサービスを使っているときに感じる困りごとだったり、「こうだったらいいのに」という不満のことです。

ユーザーのペインは、何も特別なことではなく、「そういうものだから仕方がない」と私たちが思い込んでしまっているところにもあります。オフィスの引っ越しを例に考えてみましょう。

ベンチャーやスタートアップは成長に比例して社員が増えていきますので、これまではそのたびに新たなオフィスを探さなければなりませんでした。敷金・礼金を払って、家具を買って、オフィスレイアウトを整えて……と引っ越しを繰り返すのは、めんどうでしかなかったのです。でも、みんなは「そういうものだ」と思っていたんですね。

そのペインをコワーキングスペースの貸出し事業によって解消したのが、ウィワーク（WeWork）でした。ウィワークは基本・追加料金だけで席を増やせます。家賃に比べて月額の利用料が多少割高でも、1年に数回も引っ越しをするような急成長中のスタートアップにとっては、大きなメリットなのです。

この**ユーザーのペインの解消と、サブスクリプションを組み合わせてみる。**たとえば、これまでの不動産は、売ったり、貸したりするところまでが仕事でした。でもサブスクリプションは、オフィスを使い始めてからのことを考えます。

すると、「実はこんなペインが見過ごされていた」ということに気づけます。他の業種も、そのちょっとしたことに気づけば、サブスクリプションになるビジネスがあるんじゃないかと思います。

まとめ

この章では、サブスクリプションとは定額利用・定期販売であるという誤解を解き、サブスクリプションの定義を確認しました。

サブスクリプションとは、デジタルマーケティングによるデータ活用で、顧客が商品・サービスを使い続けたい気持ちをつくることです。顧客はもう、商品・サービスの差別化や機能性を広告で訴求しただけでは心が動きません。

顧客は使い続ける中で「自分に合っている」と気づき、支持し、まわりに広めてくれるのです。そんな顧客との関係性をつくる一つの方法が、サブスクリプションであるとお話ししました。

顧客との関係性をつくるサブスクリプションの肝は、マーケティングです。次の章では、このサブスクリプション・マーケティングのポイントを解説していきます。

第2章

サブスクリプション・マーケティングとは

マーケティングが変わる

2000年はじめのころでしょうか。街頭で、Yahoo!BBがADSL（電話回線でインターネットに接続するサービス）のモデムを無料で配っていました。このモデムを使っているユーザーは、まだ100万人規模でいるそうです。

あのとき、1台配布あたりにかかっていたコストが、仮に10万円であっても、その後の月々のネット利用料を考えると、もうとっくの昔に回収できていると思います。

これはLTVの見通しが立っているから、新規の顧客獲得（CPO）に投資できていたんですね。

このようにマーケティングは、LTVとCPOのバランスが大切です。LTVを伸ばすためには、顧客がどんなふうにサービスを使っているかを理解し、使い続けてもらえるように改善していかなければなりません。

でも多くの企業は、顧客のことをくわしく知れる十分な量のデータがなかったために LTVをうまく伸ばせず、CPOを下げることだけをやってきました。

そうなると、新しい顧客をどんどん開拓していく必要があるので、マーケティングというと広告の話が多かったんです。

また、マーケティングでは商品開発も重視されていたので、他社と差別化することが重要だと考えられてもいました。

サブスクリプション・マーケティングの3つのポイント

しかし今、マーケティングで重視すべきことが変わろうとしています。

なぜなら、テクノロジーが進化して、顧客のことを深く知れるデータが手に入るようになったからです。

マーケティングは、**顧客が商品やサービスを使ったあと・契約したあとに、使い続けるための打ち手を考えなければならない**時代となりました。

顧客に使い続けてもらうためには、顧客とつねにつながり、顧客が商品やサービスをどのように使って、どんなことを思っているかを知る必要があります。

それを仕組み化しているのが、サブスクリプションです。

ですからサブスクリプションは、顧客に合わせて商品・サービスを改善して、ＬＴＶを伸ばしていくマーケティングをやっていきます。

そんなサブスクリプション・マーケティングのポイントは、**「買う」から「利用する」への変化、データ活用による顧客体験の改善、顧客と企業による成功の共創**の３つです。

これらは、サブスクリプションで売上の壁を超えるためには、知っておかなければならない重要なところとなります。

順にくわしく見ていきましょう。

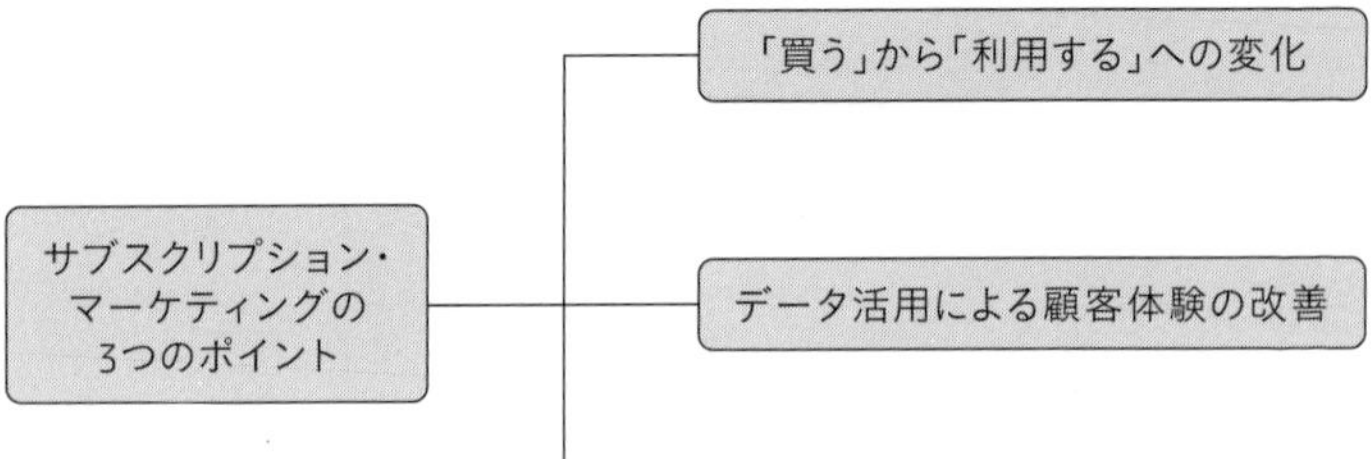
サブスクリプション・マーケティングの3つのポイント
「買う」から「利用する」への変化
データ活用による顧客体験の改善
顧客と企業による成功の共創

サブスクリプション・マーケティングのポイント

「買う」から「利用する」への変化

「買う」時代のマーケティング

サブスクリプション・マーケティングの**1つ目のポイントは、「買う」から「利用する」への変化を顧客の行動から理解すること**です。

顧客は、「買いたい」のではなく、「使いたい」気持ちにお金を払っている。これはよく語られるフレーズですが、案外、よくわからないという方も多いのではないでしょうか。

ここでは音楽業界を例に挙げ、「CDを買って音楽を聴く」から「サブスクリプションを利用して音楽を聴く」への顧客体験の変化と、それに伴うマーケティングの変化をお話しします。

　音楽を聴くためにＣＤやレコードが必要だった時代、音楽レーベルのゴールはプロモーションによって生活者に「ＣＤがほしい」と思ってもらい、ＣＤショップでＣＤを買ってもらうことでした。

　みんなテレビを見ていたので、楽曲がテレビＣＭとタイアップしたり、ドラマの主題歌に採用されたり、アーティストが音楽番組に出演したりすることも、大きなプロモーションになっていましたよね。

　生活者の耳に楽曲が自然と入る環境を生み出し、「ＣＤがほしい」気持ちをどれだけ高められるかが、マーケティングでした。

　毎週発表されるＣＤ売上枚数ランキングの上位に入れば、生活者にますます注目されるようになり、売上がさらに伸びます。

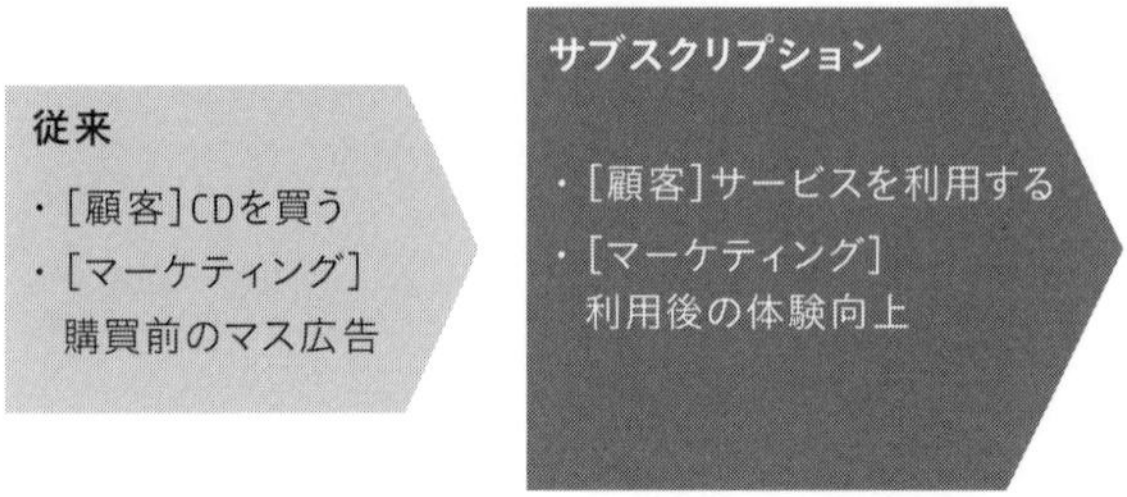
従来
・[顧客]CDを買う
・[マーケティング]
購買前のマス広告
サブスクリプション
・[顧客]サービスを利用する
・[マーケティング]
利用後の体験向上

音楽業界における「買う」から「利用する」への変化

情報をできるだけ多く提供し、いかに生活者の間で話題になるかが、競合との差別化だったのです。

つまり、プロモーションで需要をつくり、CDを大量に卸して、CDショップでCDを売ることがマーケティングでした。

しかし、音楽を聴く方法が多様化してきました。ライブやコンサートに足を運ぶことを除くと、以前はCDの購入か、レンタルだけしか選べませんでしたが、新たにデジタル配信という選択肢が登場します。

デジタル配信は、ダウンロードによる購入と、ストリーミング配信の2つに分かれます。ダウンロード購入は、デジタルの音楽再生プレイヤーやスマートフォンに、楽曲のデータを取り込む方法です。

シングル1曲あたり250円ほどで販売されていて、形や方法は異なりますが、利便性を除けばCDを買うこととあまり変わりはありません。

ですから、ダウンロードを促すためのマーケティングも、やはり従来のマーケティング手法が中心だったように思います。

「利用する」時代のマーケティング

ストリーミングが中心の音楽配信サービスは、使い続けてもらうことで収益を得るモデルです。

スポティファイやアップル・ミュージック（Apple Music）に代表される音楽のサブスクリプションは、プラットフォームとして機能しています。ＣＤ全盛期時代でいうところのＣＤショップだと考えると、わかりやすいかと思います。

音楽サブスクリプションのマーケティングは、顧客がアプリをインストールしたところをスタート地点と考えます。３日ぐらい使ってもらって使い心地が悪いと、あっという間に使われなくなってしまいますから、顧客がサービスを使い続けたくなるマーケティングを実施しないと、収益が得られません。

音楽配信サービスの料金は月額９８０円ぐらいが相場です。利用が3か月継続すれば、アルバム1枚分の価格と同じ売上になり、さらに利用が続くと、アルバム数枚の購入を超える売上となります。

そこで**多くのサービスが初月無料のキャンペーンを行い、２か月目以降の有料利用へつなげようと、顧客にとって魅力的な体験を次々と提案している**のが現状です。

たとえばグーグル・プレイミュージック（Google Play Music）のホーム画面では、サービスの利用者が今いる付近でツアー中のアーティストの楽曲リストを表示しています。また、毎週販売される新曲もレコメンドしてくれます。これらは、顧客の位置情報やサービスの利用履歴といったデータをもとにつくられていると思われます。

サブスクリプションが商流を変える

音楽のサブスクリプションはマーケティングのみならず、音楽業界の商流も変えています。

売上が低迷した音楽業界は一時期、なんとかしてCDを買ってもらおうとしていました。でも顧客の目的は、CDを買うことではなく音楽を聴くこと。

CDは売れなくなりましたが、スマートフォンの普及によってデジタル配信が一般化し、音楽を聴く機会はむしろ以前よりも増えていると思います。

好きな曲を好きなときに、好きなだけ聴けるサブスクリプションの音楽配信サービスが受け入れられたのは、自然な流れなのでしょう。CDを買っていた世代にとっても、お店に行かなくても、スマートフォンで聴きたい曲を1曲から聴けることは新しい体験です。ダウンロード配信も同じじゃないかと思われるかもしれませんが、たとえばスマートフォンの機種変更をしたときは、音楽データを移行する必要があります。ちょっと、めんどくさいですよね。

サブスクリプションならば、新しくアプリをインストールし、ログインし直せば問題ありません。また、家族で利用することを目的とし、複数アカウントを発行するプランを用意しているサービスもあります。

私たちが、サブスクリプションで音楽を聴くことが当たり前になると、提供側はこれまで得られなかったデータが得られるようになります。CD全盛期の頃、どのCDが何百万枚売れたかは話題になっても、誰がCDを買ったのかまではわかりませんでした。アルバムの何の曲が繰り返し聴かれたのか、またどこで飽きられてしまったのかも気にされていなかったのではないでしょうか。

でも**サブスクリプションでは、どの曲が何回聴かれて、どの曲がスキップされたのかが**

データからすべてわかります。流行のアーティストや曲調の傾向を、よりつかみやすくなったかもしれません。

さらに、これまでの楽曲のプロモーションは新曲が中心でしたが、音楽配信のサブスクリプションは過去の曲を聴くきっかけにもなります。ある日突然、過去の曲がヒットしたときも、しっかり収益につなげられるのです。

CDは生産した枚数分しか売れませんでしたし、よほどのニーズがない限り、再生産も難しかったと思います。

それに比べて音楽のサブスクリプションは、CDの物理的な課題も解消していますので、顧客にとっても音楽レーベルにとっても、音楽を聴く・聴いてもらうことのすそ野を広げています。また、サブスクリプションで聴いて気に入り、ダウンロード購入をするという流れも生まれています。

音楽レーベルも、**音楽を聴き続けたくなる気持ちづくりへのマーケティング**に変わりはじめているようです。プラットフォーム側で新人アーティストを取り上げ、ファンの基盤をつくるといった取り組みも行われています。結果的に音楽業界では、CDが売れないにもかかわらず大きな利益をあげている企業が続々と出ているのです。

データ活用による顧客体験の改善

新しいテクノロジーを生かす

サブスクリプション・マーケティングの**2つ目のポイントは、データ活用による顧客体験の改善**です。第1章でも触れましたが、スマートフォンやIoTなどによって、顧客のデータを集めることが以前と比べて楽になりました。

ここでは、テクノロジーをどうやってサブスクリプションに生かしていくのかをお話しします。

LTVが伸びていく「使い続けたい気持ちづくり」のためには、データを分析して顧客の不満や満足している部分を見つけ、商品・サービスを改善する手がかりを見つけていきます。

ここで大事なのは、顧客体験そのものは以前からあったということ。インタビューで「この商品はどうでしたか？」と聞くこともできましたし、お客様センターには商品を買った後、サービスを使った後のいろいろな声が届いていたと思います。

でも本当は、**実際に商品・サービスを使う前後の顧客体験まで知らないと、その改善は難しい**のです。

ソフトウェアがパッケージで販売されていた時代、顧客のパソコンにインストールされた後は、顧客がどのような使い方をしているかがわかりませんでした。メーカーはインタビューなどあらゆる調査を重ねて、次の製品を開発・販売していましたが、もしかしたら顧客が望んでいない機能改善があったかもしれません。

でも、アドビのようなサブスクリプションのソフトウェアはオンラインでつながっているため、顧客がどんな機能をどれだけ使っているかがわかりますし、追加のソフトウェアを誰がいつ購入したかなどの決済情報を含めて、サービスのあらゆる利用データを得ることができます。

また、ライン（LINE）などのチャットツールの登場で、**顧客の声をリアルタイムに聞く**

こともできるようになりました。これらのデータをもとに、商品やサービスの改善を繰り返し、顧客との関係を強めていきます。

会計・人事労務などのサービスや分析ツールのサブスクリプションは、顧客がいつどんなときに、どんなふうにツールを使っているかというところまでデータを収集できます。サービスを利用する企業の規模に応じて、利用傾向に違いがあることもわかるでしょう。よく使われる機能とそうでない機能なども、データがあれば一目でわかり、顧客体験を高めるための機能改善がやりやすくなるのです。

さらに、**顧客がサービスを解約する傾向を見つけることもできます。**たとえば、解約した顧客の解約前後のデータを分析すると、注文のキャンセルが増えているとか、一定の未利用期間があることに気づけるかもしれません。そうすると、解約を未然に防ぐ打ち手につなげることができるのです。

顧客体験の中にデータを集める仕組みをつくる

ここで大切なのは、**顧客からのフィードバックが得られやすい顧客体験の仕組みをあら**

かじめ設計しておくことです。商品・サービスをつくるときは、どのような顧客体験を提供できるかに目を向けがちですが、そもそもその体験に対する顧客の反応を計測できなければ改善のきっかけをつかむことはできません。

具体的にお話ししますと、サービスのウェブサイトやアプリで取得できる行動データの他に、レビューシステムなど顧客の声を直接集めやすい仕組みが必要です。また、商品をIoT化することも、顧客の反応を知る1つの方法でしょう。

将来的には自宅のあらゆるものがIoT化し、データを集めることが今よりももっとやりやすくなると考えられています。たとえ

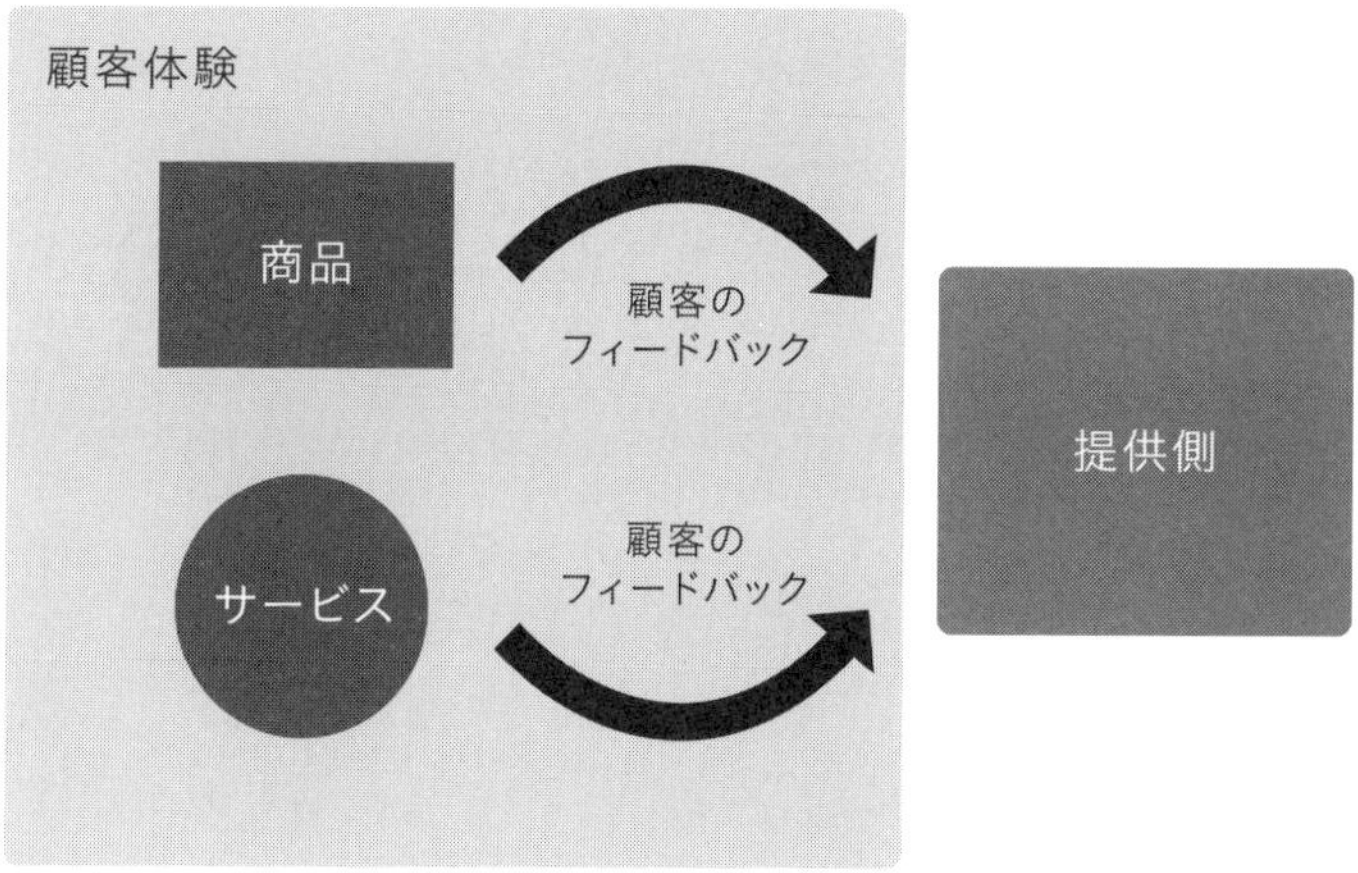

フィードバックが得られやすい体験を設計しておく

ば、スマートスピーカーで家電製品のオン・オフが一般的になったら、どの時間帯に使い始め、どのくらいの時間使っているかがデータでわかるようになりますよね。

一方で、顧客に服を配送し、着たあとに送り返してもらうファッションのサブスクリプションのように、実際に商品の移動が伴うサービスは、データを集めることが少し難しいかもしれません。

しかし、さきほどお話ししたとおり、**アプリの提供やチャット型のコミュニケーションツールなど、デジタルのタッチポイントを工夫する**ことはできます。

お気に入りに追加した服やお気に入りを解除した服、どんな服のページを見て、最終的にどの服を選んだのか。このようにして顧客の行動を追っていくと、データはたくさん集められます。

このときのポイントは、「あなたの身長や体重、好きな色などを入力していただくと、お届けする洋服にあなたの好みを反映しますよ」といったように、**顧客にもメリットがある仕組みを取り入れる**ことです。顧客は、自分にメリットがあるとわかると、機能を使ってくれるようになります。

カーシェアがはやっていますが、もっと顧客データを取ってくれるサービスがあるといいと思います。たとえば電気自動車のテスラ（Tesla）は、つねに走行データを取っているので、顧客がどこでどんな運転をしたとか、どのくらいスピードを出す傾向があるかなどがわかっていると思います。

こういったデータがあると、車のサブスクリプションはさらに面白くなる。近距離の運転や短時間の利用が多い地域には、よく使われるエリアにカーシェアの拠点を増やすと、もっと利用率が上がるかもしれない。データが取れると、次のサブスクリプションにつながるんです。

テクノロジーで顧客の好みをカスタマイズ

データがあると、顧客に合わせたカスタマイズもやりやすくなります。

資生堂が同社として初めて展開するサブスクリプションのオプチューン（Optune）は、顧客の肌に合わせたスキンケアを提供するサービスです。顧客が専用アプリで自分の肌を撮影すると、同社がもつさまざまなデータをもとに解析され、季節や体調で変化する肌にもっとも合ったスキンケアを膨大な組合せの中から選び、専用マシンより抽出します。

これまで顧客の肌の特徴や状態といったデータを知るには、デパートのコスメカウンターなどでチェックをする必要がありました。それが、アプリでできるようになったのです。まだ始まったばかりのサービスですが、化粧品のパーソナライズに向けた、チャレンジングな取り組みだと思います。

また、スタイリストが選んだファッションを届けてくれるエアークローゼット（air Closet）というサブスクリプションもあります。

はじめに、10タイプのスタイル診断を受け、身長などの個人情報を登録します。アプリからは、登録した情報の更新をしたり、お気に入りアイテムのリストを作成したり、レンタルしたファッションへのフィードバックを送ることもできます。

「このシャツの色は嫌いだから次は着たくない」「このスカートの丈は自分にぴったりだった」とフィードバックをすると、次回に提案されるコーディネートの精度が向上するんです。それなら、もっとフィードバックしたくなりますよね。

同社は、顧客のお気に入りアイテムや各種のフィードバック、アプリのどのページにアクセスが多いかなどを集めたデータを解析し、顧客ごとに好みの傾向を見つけています。

データをどう理解するか

データが大事だという話になると、どうしてもデータを集めることに話が偏る傾向にあります。

マーケティングの世界では、データドリブンマーケティングとか、データアナリストとどう付き合うかなど、何かと「データ」に関する話題が盛り上がり真剣に議論された時期がありました。

もちろんデータが大切なことに間違いはないのですが、今度は「集めたデータをどうする？」というところが、課題になっていたりする（苦笑）。

集めたデータをどうするかというと、顧客理解のために読み解いていきます。会員数が増えた・減ったとか、売上が上がった・下がったといったわかりやすい事実にどうしても目を向けてしまいがちです。

しかし、何かの事象が起きたとき、仮説を立てて、その仮説を検証するためにデータを用いるのです。

たとえば、解約が増えたことに対して、あるマーケターは「無料お試しのテレビCMを見て加入した顧客が、その後すぐに解約したのではないか」と考えるかもしれない。このときは、まず解約した顧客を分析して、テレビCMを放送したあとに契約した顧客かどうかを見ます。

また違う担当者は、「先月サーバーダウンが多かったから、それを不満に感じて解約が増えたのかもしれない」と考えるかもしれませんし、「機能改善が原因かも」という可能性が出てくるかもしれない。

こういったとき、データがあれば仮説を検証できるのです。

このように「データを活用しましょう」とは、何も考えずに使えそうなデータをとりあえず集めてきて「売上が上がった・下がった」というようなレポートをつくることではありません。

事象に対する仮説を、**数値化された定量データと顧客の声に代表される定性データの両面から、それぞれのもつ情報の偏りに気をつけて検証し、顧客の理解を深めていく**ことなのです。

顧客と企業による成功の共創

顧客の成功を一緒につくる

サブスクリプション・マーケティングのポイント**3つ目は、顧客と企業による成功の共創**です。この共創とは、企業が顧客に商品やサービスを提供し、それを利用してもらうことで、顧客が本来やりたい・実現したいと思っていることを共に創造することです。

少し聞き慣れないかもしれませんが、**顧客が自身の目的を達成することを顧客の成功といいます**。

顧客の成功は、商品やサービスを継続的に使うことで得られる機能的な満足と、それによって気持ちが高まる情緒的な満足からつくられます。

たとえば、「新しい化粧品を使っていたら肌の調子が良くなった」というのは、機能的な満足です。化粧品の成分という機能で、顧客が満足していますよね。

一方で、「新しい化粧品を使うと気持ちが明るくなり、外へ出かける時間が増えた」や「自信をもって仕事ができるようになった」というのは情緒的な満足です。化粧品を通して顧客の内面に働きかけて、気持ちを高めていますよね。

これら両面からの**顧客の成功を実現して初めて、LTVは伸びていく**のです。

顧客の成功は、企業が押しつけるものではありません。改善されていく商品・サービスを利用し続けているうちに、顧客が「こんな体験がしたかったのだ」と得られたもの、それが顧客の成功です。

そして、この**顧客の成功をコアバリューとよび、サブスクリプションではこのコアバリューをつくることが非常に重要**になっています。

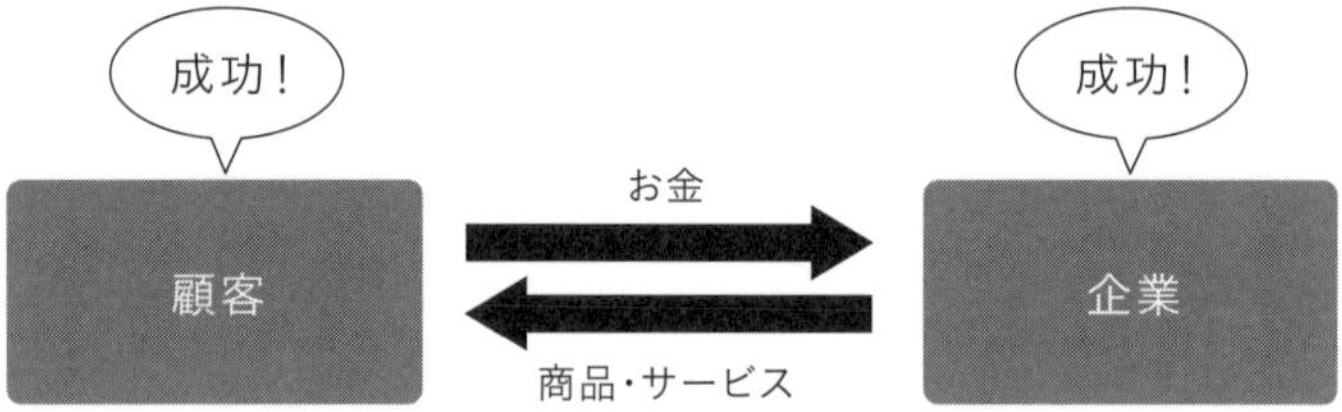

顧客と企業による成功の共創

サブスクリプションを選ぶ顧客は、商品やサービスを所有したいからではなく、使い続けて得られる成果に対してお金を払います。顧客が本当に望む成功は何か、企業は顧客の成功をつくるマーケティングができているかをつねに考えなければなりません。

顧客の成功を知る指標を設定する

では、具体的に顧客が成功しているかどうかは、どのようにして把握すれば良いのでしょうか。

サブスクリプションに限らず、顧客は数ある商品・サービスの中から、競合のものではなく、自社のものを利用し始め、また使い続けてくれる「きっかけ」があります。

顧客にヒアリングするとわかるようなものもありますし、顧客自身が気づいていない隠れたきっかけもあります。

サブスクリプションにおいて、**顧客はこのきっかけを体験すると「この商品・サービスは使い続ける価値がある」と感じて、解約せずに長く使い続けてくれるため、結果的にLTVが高い状態になります。**

そして、さまざまなデータを取得できていると、顧客からヒアリングするだけでなく、定量的なデータから「この状態をつくれば、顧客は成功している」という把握ができる指標が見えてきます。

私はこの指標をサクセスKPIとよんでいます。LTVが高くなる状態をつくるために、顧客の利用行動を想像して、「どのようなデータを取得できるのか」「どうすればその指標をより良くすることができるのか」ということを考えます。

たとえば動画配信サービスのサブスクリプションでは、入会のきっかけは大ヒットした映画などが多い傾向があり、LTVの高い会員は、連続ドラマを見る人が多いそうです。この場合、映画を見た人に、それと関連しそうな連続ドラマをおすすめする、という打ち手を実施して、実際にその該当顧客のLTVが高まるかどうかをチェックします。

サブスクリプション以外の事例になりますが、ツイッター(Twitter)では利用を開始したユーザーがある一定数の人をフォローすると、継続率がかなり上がるそうです。そのため、新規のユーザーには、フォローした方が良いアカウントをメールなどで通知するなどして、フォロワー数を増やす前に、フォロー数を増やすような働きかけをしています。

また、CtoCプラットフォームのメルカリ(mercari)では、「商品を購入する」もしくは「商品を販売する」という目的で利用し始めるユーザーが多いのですが、購入・販売のどちらかだけではなく、購入もするし販売もするユーザーの方がLTVが上がるそうです。

そのため、何かを購入したユーザーには「手元にある○○を販売してみませんか？」とメッセージを出したり、それをサポートするためのクーポンなどを配信しています。

さらに、化粧品では、最初に購入したカテゴリ以外の商品を購入する（最初に化粧水を買ったら、次はメイクを買うなど）とLTVが高くなったり、ファッションブランドなどでは、自分が気に入っただけでなく、他の人に「その服かっこいいね」と褒められたりするとLTVが高くなるそうです（これはデータでは可視化しづらいですが……）。

このように、**まずは自社の商品・サービスにおいてのサクセスKPIを定量・定性の両面から考えてみると、顧客の成功を導き出すことができます。**ただし、データのみでこの指標をつくると、因果関係が逆になってしまう場合があるので注意が必要です。

顧客の成功を企業が積極的に支援する

顧客が成功を得るために、企業としてもさまざまな支援を行います。アドビのクリエイティブ・クラウドにある使い方のポップアップガイドも、顧客がうまくクリエイティブ制作ができるようになるための支援の一つです。

もちろん、機能を使いこなすことではなく「クリエイティブ制作が上手にできて仕事がうまくいった」「スキルを得て新しい仕事に就けた」などが、顧客の成功となります。

ここで参考になるのは、ギターメーカーのフェンダー（Fender）の取り組みです。この業界では、ギター初心者の90％が1年以内に練習をやめてしまうという課題を抱えていました。

そこでフェンダーは、有料のオンラインギター講座のフェンダー・プレイ（Fender Play）を展開し始めました。オアシスやザ・ローリング・ストーンズなど、初心者が弾いてみたいと思う楽曲を教材にして、利用者のレベルに合わせた練習動画を月額約10ドルで公開しています。

会員登録して、弾きたい楽器や曲調などに関する質問に答

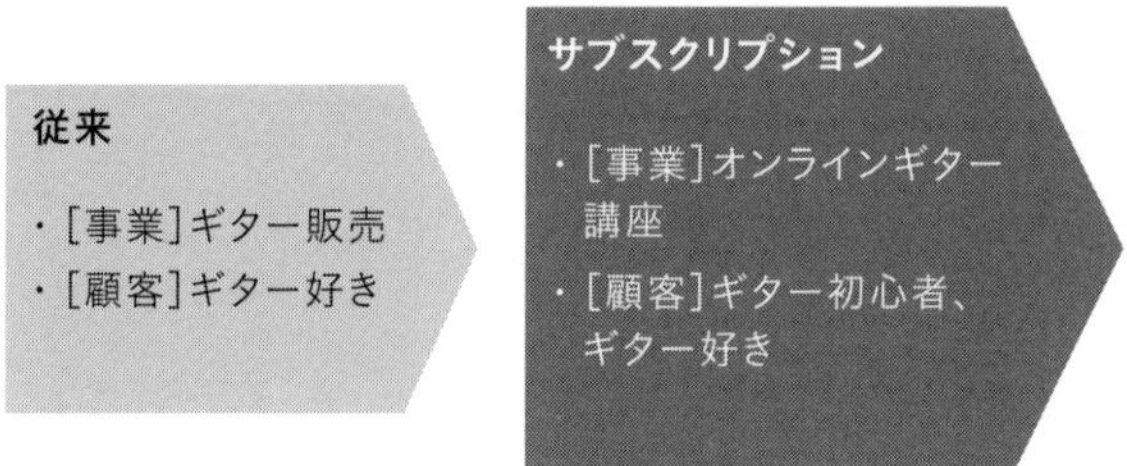

従来
・[事業]ギター販売
・[顧客]ギター好き
サブスクリプション
・[事業]オンラインギター講座
・[顧客]ギター初心者、ギター好き

フェンダーの事業転換

えると、自分仕様にカスタマイズされた練習プランが提供されるなんて、練習しがいがありますよね。ギターだけでなく、ベースやウクレレのコースもあります。

ギターに限らず、楽器は上手に弾けるようになると自信がつき、よりハイエンドのモデルがほしくなります。そこで、まずはギターを弾ける人を増やそうとしているのです。

これまで楽器メーカーは、楽器店へ商品を卸して売上を拡大することに力をいれていました。ギターを買いたいと思っている顧客がいる場所に商品を陳列し、購入してもらう選択肢に入ることが重要だったからです。その状況では、誰がどんな楽器を買っているか、どのように弾いているかは非常にわかりづらかった。

しかし、フェンダー・プレイはギターを弾きたい、楽しみたいという顧客をサポートするだけでなく、顧客とつながることができ、次の購入への足がかりをつくることも可能にしています。

サブスクリプションによって顧客の成功を支援することで、初心者には手が出しづらかった上位モデルのギターを買ってもらいやすくなるような状態をつくったと思います。

フェンダーの事例は、ギターをＩｏＴ化し、スマートギターを売った話ではありません。オンラインやアプリを介して顧客とつながり、顧客基盤をつくったことに加えて、どの動画がどのくらい視聴されるか、初心者がどこでつまずきやすいのかといったデータ収集の設計からも学ぶところが大いにあります。

顧客の成功体験を広げる

顧客の成功体験は、その人だけの成功に留めずに広く共有していきましょう。**顧客の成功体験をオープンにしていくことは、ブランディングにもなります。**

たとえば、音楽サブスクリプションの共通した機能にプレイリストがあります。これは、「冬に聴きたい曲」とか「80年代生まれが懐かしい曲」のように、顧客が好きなテーマで楽曲再生リストをつくり、公開することができるというものです。すると、それを聴いた顧客は「○○さんのリストはすごく好きだな」とか「この曲の選び方はセンスがいいな」という印象をもつようになります。

サービスによっては、プレイリストを作成した人をフォローできますから、音楽の趣味の合う人とつながることができる。中には、自分もリストをつくってみようと考える人も出てくるでしょう。すると、ますますサービスに愛着がわきますね。

かっこいいＣＭをつくり、他社との差別化を起点にブランディングする時代は確かにありました。しかし現代では、「友だちが着ているからかっこいい」とか「このサービスを使う自分を気に入っている」といった顧客体験がブランディングの起点となります。顧客が別の顧客に対してサービスの良さを訴求しているのであって、広告が顧客を連れてくるのではありません。**成功した顧客が、次の顧客を連れてくる**のです。

営業しないコミュニティマーケティング

サービスで成功を体験した顧客が集まり、互いの成功を喜び合い、もっとサービスを使っていこうと顧客同士が協力し合っていくコミュニティを運営する手法を、コミュニティマーケティングといいます。

小島英揮さんによる、アマゾン・ウェブ・サービス（Amazon Web Services）のユーザーコミュニティ「JAWS-UG」が有名です。中には、ユーザー会と名付け、サービスの活用方法や成功事例をシェアする勉強会を行っている企業もありますね。

これまでにも、企業が主催して人を集め、営業をかけるセミナーはありました。でも、成約率はあまり高いわけではなかったと思うんです。コミュニティマーケティングと従来の企業主催セミナーの大きな違いは、**コミュニティに営業をしない**ことです。

コミュニティ内で成功する顧客が増えてくると、自然と「〇〇っていいよ」という声が生まれて広がります。だから、売り込みをしなくても契約してくれるようになるのです。

あるBtoBサービスは広く認知されていますが、導入数を増やせないことが課題でした。そこで、以前からよく利用してくれる顧客を集め、情報交換会を開いたのです。

その場では、サービスを営業するのではなく、そのサービスで事業が良くなったという具体的な成功事例の話がされました。その後、何度かこうした情報交換会を開くうちに地域の同業者が集まりはじめ、「〇〇さんが使っているなら」とサービスの導入が増え、シェアを広げることができたそうです。

「〇〇っていいよね」といわれない商品・サービスは、どんなにプロモーションが話題になっても、顧客の支持を得ることは難しくなっていくと思います。

コミュニティマーケティングは、決してすぐに成果の出る手法ではありませんが、長く使い続けることを前提としたサブスクリプションにおいては、とても相性の良い打ち手だと考えます。

まとめ

この章では、商品を買ったあと・サービスを契約したあとの顧客とのつながりをつくっていくサブスクリプション・マーケティングのポイントについてお話ししました。

ポイントの1つ目は、「買いたいのではなく使いたい」という顧客の気持ちを理解すること。

2つ目は、その「使いたい気持ち」をデータ活用で強めていくこと。データは集めて傾向を見るのではなく、業務の中で起きた事象に対して仮説を立て、その仮説を確かめるための材料として使います。

3つ目は、顧客と企業が一緒に成功をつくること。これを共創といい、サービスを改善していく中で顧客が本当に望んでいた成功を見つけます。顧客の成功は、ソーシャルやコミュニティで拡大することができ、それが新たな顧客をよび込みます。

このようにサブスクリプションは、顧客と一緒に変化し、成長していくサービスなので、事業のつくり方も従来の商品・サービス開発とは根本的に異なってきます。

次の章では、サブスクリプションの事業のつくり方についてお話しします。

第3章

サブスクリプションの事業のつくり方

サブスクリプションは3つに分類できる

この章からは、サブスクリプションの事業のつくり方についてお話しします。

サブスクリプションと一口にいっても、そのモデルはさまざまな種類があります。ですので、まずはどのような分け方があるのかを見ていきたいと思います。

本書では**サブスクリプションを「クラウド型」「シェアリング型」「予約購買・利用型」の3つに分けました。**

もう少しシンプルに、サービス型、モノ型という

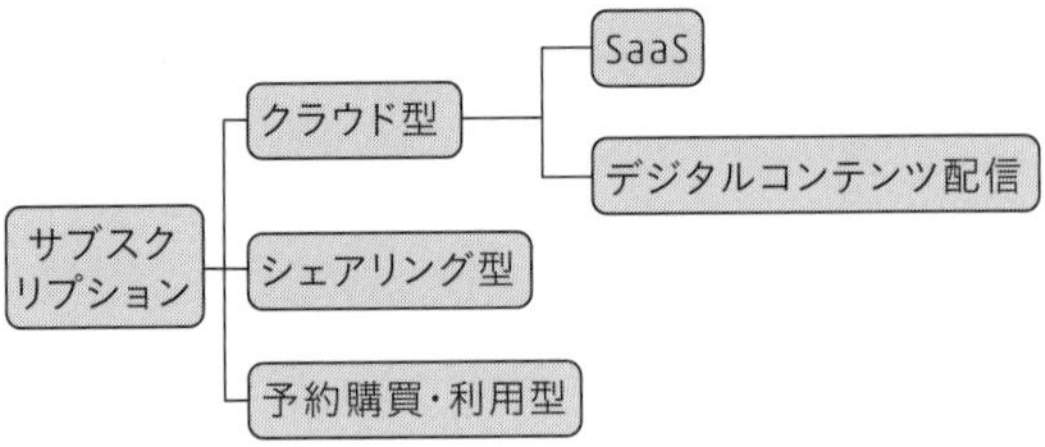

サブスクリプションの3分類

分け方もできますが、この本ではもう一歩踏み込んで、多様なサブスクリプションのサービスのあり方を考えたいと思います。

では、それぞれ順に見ていきましょう。

クラウド型とは

クラウド型のサブスクリプションは、インターネットを通してサービスを提供する**クラウド・コンピューティングを基盤として運営しているサービス**です。

クラウド型は、第1章でもお話ししたSaaSと、デジタルコンテンツ配信に分かれます。

実際にはデジタルコンテンツ配信もSaaSで提供されるサービスが多いのですが、ここではわかり

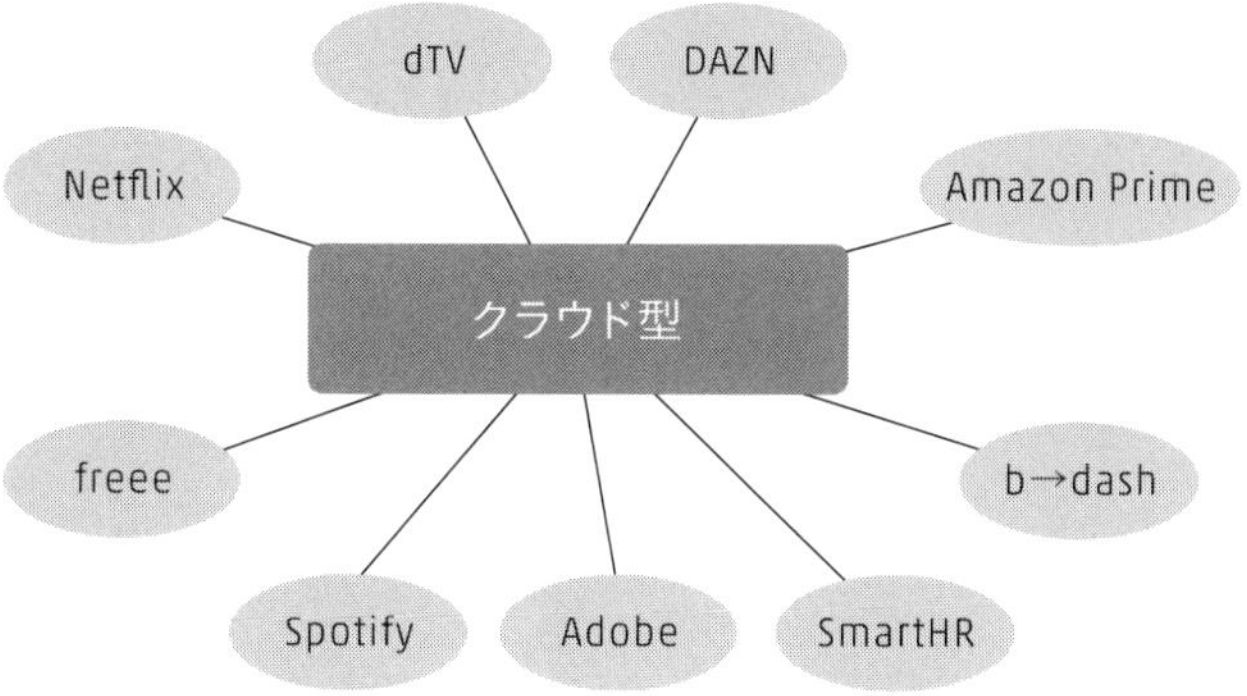

クラウド型の代表的なサブスクリプション

やすいように、ＢｔｏＢサービスをＳａａＳ、ＢｔｏＣサービスをデジタルコンテンツ配信とよびます。

ソフトウェアをクラウドで提供するＳａａＳの代表的なサービスは、労務管理を支援するスマートＨＲ（SmartHR）やデータマーケティングツールであるビーダッシュ（b→dash）、セールスフォース（Salesforce）やマルケト、会計支援のフリー（freee）……と、挙げればキリがありません。

ＳａａＳは、ほとんどがクラウド型サブスクリプションで提供されていると考えてよいでしょう。

デジタルコンテンツ配信の代表的なサービスは、ネットフリックスやアマゾンプライム、スポティファイなどの映像・音楽エンターテイメントのほかに、雑誌読み放題の楽天マガジンなどがあります。学生に人気のスタディサプリは、授業の動画が見放題の学習アプリです。

また、無料と月額定額の有料プランを用意しているサービスもあり、それぞれで利用できる機能が異なります。

クラウド型サブスクリプションの特徴

クラウド型サブスクリプションは、商品やサービスの機能が積み上がって資産となり、それらも含めてマネタイズできます。雑誌のバックナンバーは売切れがありますが、デジタルコンテンツ配信の場合はありませんよね。これと同じことです。

また、比較的安い単価で提供されているので、利用できる層を広げていくサービスが多い傾向にあります。

たとえば、自社内にサーバーを置く業務システムは、開発や維持管理のコストがかかるため、大企業の利用が中心でした。しかし、**SaaSは共通の機能を複数社で共有することで、一社一社が個別に機能をもつよりも安価で利用できます。**

また、会員が増えていっても、梱包代や配送料といった売上の増減に連動して変化する変動費は変わらないので、利用者の負担は軽くなる傾向にあります。

利用人数に応じた料金体系が多く、中小企業も導入しやすい価格帯となっています。

BtoCサービスのデジタルコンテンツ配信でもイメージしてみましょう。たとえば音楽を500曲、1000曲と所有して楽しむのは、一部の熱狂的なファンだからこそできますが、音楽のサブスクリプションがあることで、たくさんの音楽に囲まれた状態をライトなファンでも体験できます。結果、音楽ファンのすそ野を広げているんですね。

クラウド型サブスクリプションの戦略として求められるのは、シェアの拡大とパーソナライズです。デジタルで完結するサービスが多いため、競合他社が類似した機能やコンテンツをつくりやすく、大きな差別化が難しいという特徴があります。

ですから、サービスがマーケットにフィットしたら、早めに広告などを投下して顧客を獲得し、顧客データを集め、そこから独自のコンテンツやサービスを開発し、パーソナライズしていくことが大切で

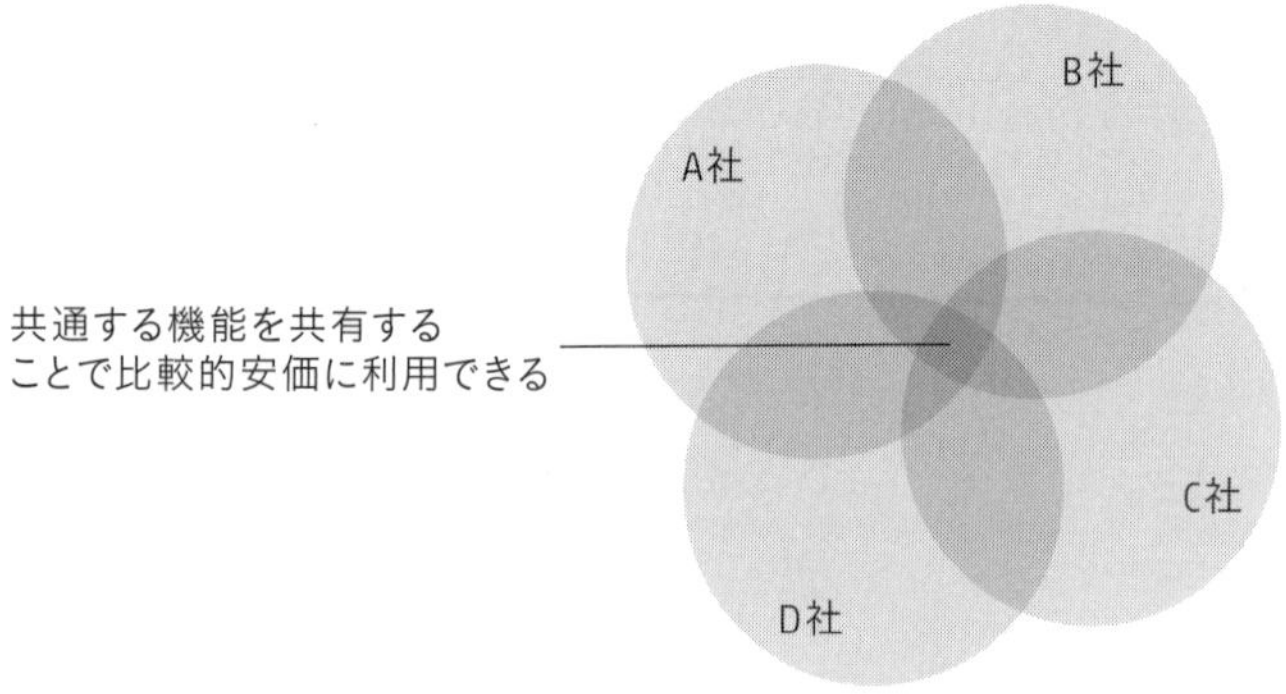
A社
B社
C社
D社
共通する機能を共有する
ことで比較的安価に利用できる

クラウド型サブスクリプションの特徴

す。

ＮＴＴドコモは、ポータルサイトのｄマーケット内にて、動画見放題のｄＴＶやｄアニメストア、雑誌読み放題のｄマガジンなど、複数のクラウド型サブスクリプションを提供しています。特徴は、ドコモ回線を契約していない他キャリアの顧客も利用でき、ｄポイントとよばれるポイントプログラムがあることです。

オリジナルコンテンツの提供や価格競争、さらに競合他社との差別化が求められるＢｔｏＣのデジタルコンテンツ配信において、ＮＴＴドコモのプラットフォームという総合力を押し出す戦略をとっています。

シェアリング型とは

次にシェアリング型のサブスクリプションとは文字通り、服や物件、部屋、車などの**実際に存在するモノをシェアするサービス**です。モノを購入し、所有するときよりも初期費用が安く抑えられるので、高額のモノでも比較的気軽に利用し始めることができます。

また、使っているうちに好みが変わっても、そのたびに異なる種類のモノを選ぶことができます。

　シェアリング型は、一点一点購入していたときにはできなかった価値をつくることが重要です。クラウド型と比較すると、利用料金が高く、モノを変更することの不便さや所有することのデメリットを解消するサービスが中心となります。

　コストメリットではなく、「好きなモノを自由に選び、交換できる楽しさ」「今まで得られなかった暮らしができる」といった、顧客の価値観に合うメリットを提案する必要があります。**変えたくても変えるのが難しかったモノに有効**だといえるでしょう。

　たとえば、不動産や車など、ライフスタイルに関わる比較的高価格帯のモノが該当します。マンションや新車を一度買ったら、気分一つで気軽に買い換えることは難しいですよね。でも、シェアリング型のサブス

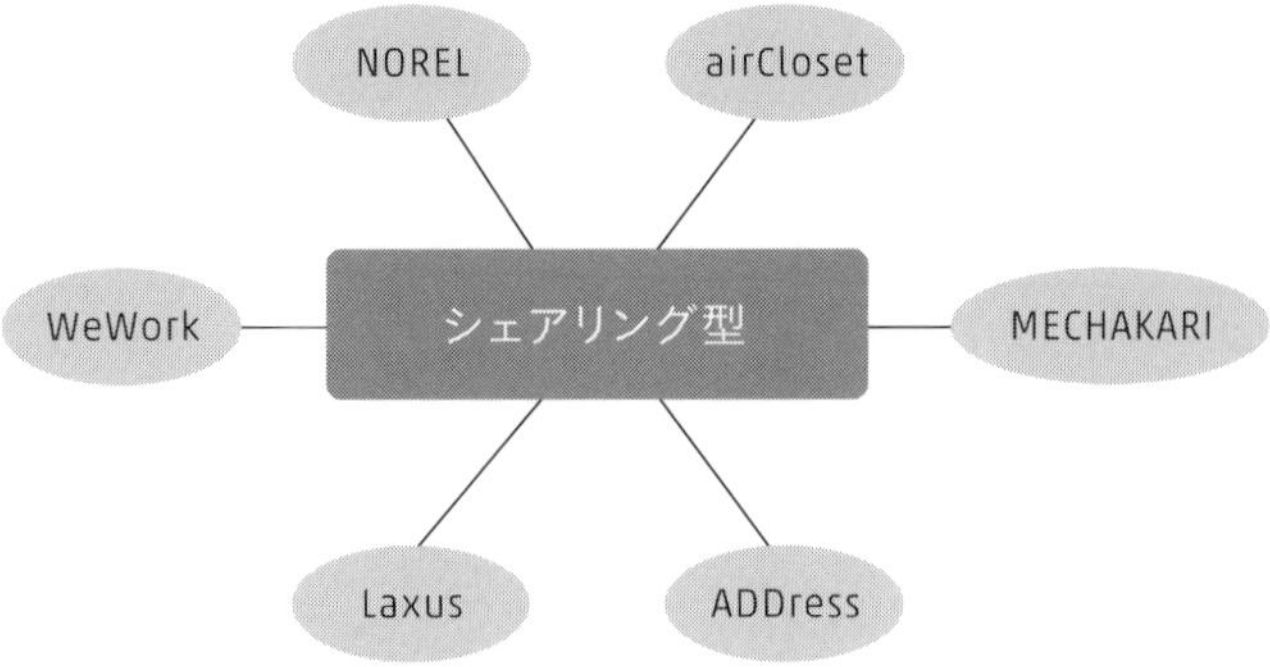

シェアリング型の代表的なサブスクリプション

クリプションであれば、好きな家に住み替えたり、好みの車に乗り換えたりといった、従来では想像できなかった新しい暮らしを選択できるようになります。

中古車販売・買取のイドム（IDOM：旧ガリバーインターナショナル）では、車のサブスクリプションサービス、ノレル（NOREL）を展開しています。最短90日間利用すると、次の車に乗り換えることができます。また、基本料金に、各種保険料や税金・車検代が含まれているため、車を買ったり買い換えたりするときに生じるユーザーのペインが、解消されているのです。

さらに、ガリバーの中古車在庫に支えられた150以上の車種から、乗りたい車を選ぶことができ、「いろんな車に乗ってみたい」という今までは気軽に実現できなかった楽しい体験をユーザーに提供しています。

シェアリングエコノミーとサブスクリプション

継続的な利用が利益を生むサブスクリプションと、所有ではなくシェアすることでモノが利用されている状態を保つシェアリングエコノミーは、非常に相性が良い関係にあります。

シェアリングエコノミーとは、商品やサービスなどを個人間で貸し借りして利用する経済システムのことです。一般社団法人シェアリングエコノミー協会の調査によると、2018年度の市場規模は約1兆9000億円となりました。

成長段階で予測されるさまざまな課題を解決したうえでの将来の市場規模は、2030年度に11兆円を超えるだろうと見られているのです。

ほんの10年前までは、モノは買って所有することが当たり前でしたが、いつの間にシェアすることに抵抗がなくなってきたのでしょうか。

シェアリングエコノミーが生活者に受け入れられた理由について、簡単にふれておきましょう。

そもそもモノをシェアすることそのものは、新しいことではなく以前からありました。友達の間で本を貸し借りするとか、共同名義で別荘を借りるなどが挙げられますが、あくまでも知っている人と限られたモノをシェアしていたんです。

インターネットとそれに伴うプラットフォームが整備されることで、輸送やコミュニケーションに要するコストが劇的に下がり、つねに知らない人ともつながっていられる環境がつくられました。

また、従来では考えられなかったサービスが数多く提供されるようになりました。

どのような情報でもデジタル化すればメールやクラウドサービスで共有できますし、ネットがあればテレビ会議やSNS、チャットを通じて世界中どこでも連絡を取り合えます。

つまり、遠く離れた人ともつながれるため、シェアできる対象が広がったのです。そして、所有するよりも、好きなときや必要に応じて借りて使う方が気楽だという価値観の多様化もあります。

こうした、**テクノロジーによる環境の変化と価値観の多様化から、シェアリングエコノミーは広がっていった**のだと考えられます。

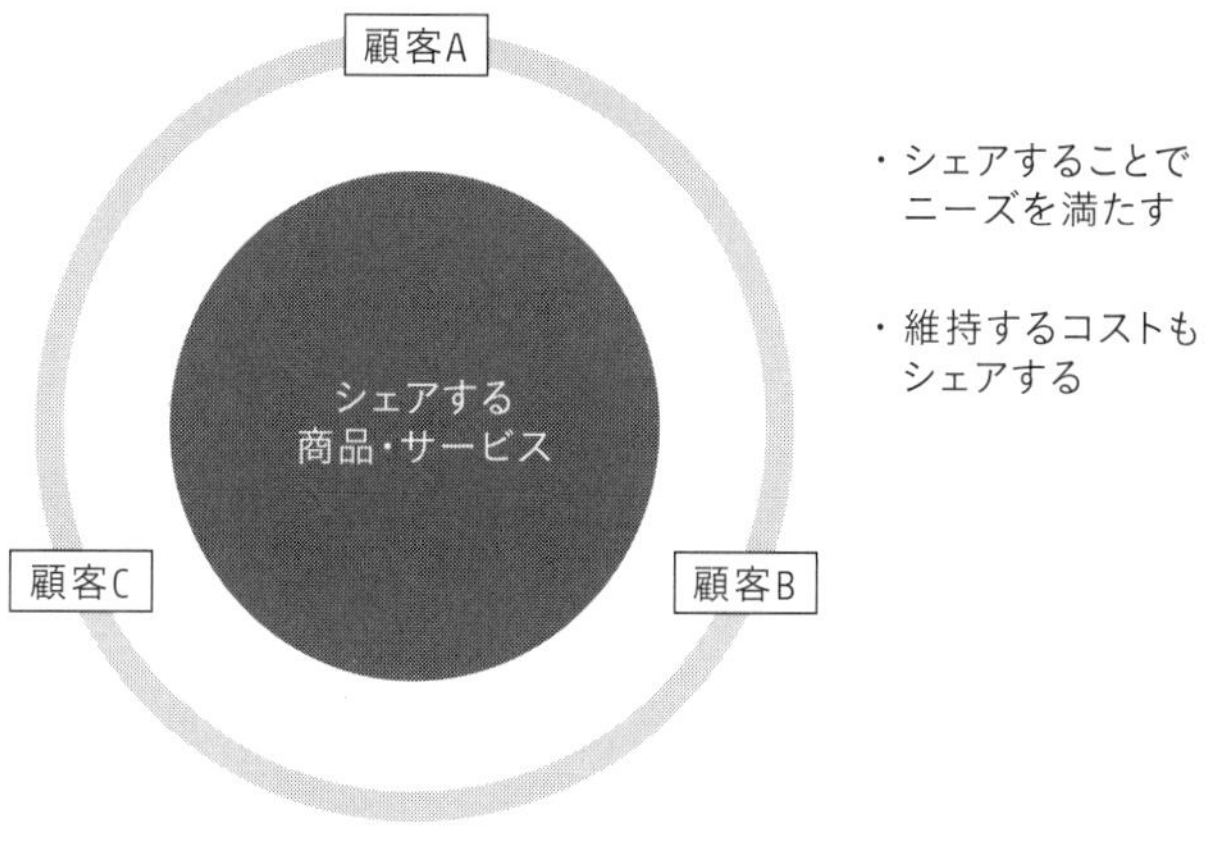
顧客A
・シェアすることでニーズを満たす
・維持するコストもシェアする
シェアする商品・サービス
顧客C
顧客B

シェアリング型サブスクリプションの特徴

サブスクリプションとシェアリングエコノミーが組み合わさると、それまでコストが見合わずにできなかったことが、できるようになります。

たとえば、北陸地方に住んでいる人がオープンカーに乗りたいと思っていても、冬には大量の雪が降るので非現実的でした。ですが、車のサブスクリプションを使うと、雪が降っていない時期にはオープンカーに乗り、冬になったら手放して四輪駆動車に乗り換え、そのスポーツカーは別の地域の誰かが乗る……というサイクルが生まれます。

このように、サブスクリプションとシェアリングエコノミーを組み合わせると、商品・サービスを維持するコストをシェアして、サブスクリプションで継続性のある関係を保つことができるため、サービス全体で見ると利益が出る仕組みが成り立つのです。

予約購買・利用型とは

続いて予約購買・利用型のサブスクリプションは、**顧客が将来の購買や利用を予約して、定期的または継続的に提供されるサービス**です。同じ商品・サービスを続けて提供するのではなく、顧客がカスタマイズして選べることに価値があります。

予約購買・利用型は、クラウド型やシェアリング型に比べて、規模が小さくなる傾向があります。しかし、カスタマイズ性があるため、顧客は自分専用の商品・サービスを利用することができ、顧客と企業は深い関係性をつくることができるモデルです。たくさんのファンをつくっていくことが、サービスの成長につながります。

また、このモデルはＤｔｏＣ（Direct to Consumer：Ｄ２Ｃ）とよばれるビジネスと相性が良いことも特徴です。**ＤｔｏＣとは、流通業者を介さずに顧客と企業が直接つながり、商品・サービスを開発し提供する仕組み**です。顧客との距離が近い分、その声を聞いた商品開発ができるため、ファンとの関係性が生まれやすいのです。

私が所属しているオイシックスの「おいしっくすく

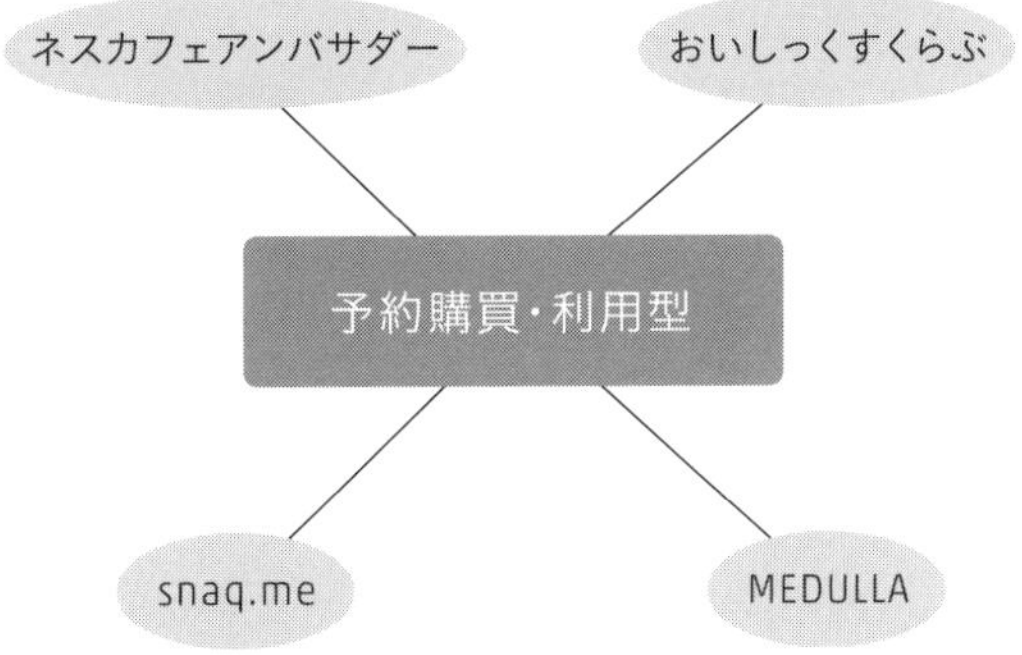

予約購買・利用型の代表的なサブスクリプション

らぶ」は、予約購買・利用型のサブスクリプションです。全国各地でとれる有機野菜や、ミールキット「Kit Oisix」が人気ですが、そもそも有機野菜もミールキットも一般のスーパーで売られていますよね。ではなぜサブスクリプションなのかというと、顧客が選べないという課題を解決できるからなのです。

賞味期限が短い有機野菜やミールキットは、スーパーに置いても売れるかどうかがわかりづらく、他の食材のように種類をそろえることが難しい商品といえます。

すると、扱いやすくて売れ筋の限られた商品だけが置かれるようになり、「いろんな有機野菜を使いたい」「冷凍じゃないミールキットがほしい」といった顧客は、選ぶこと

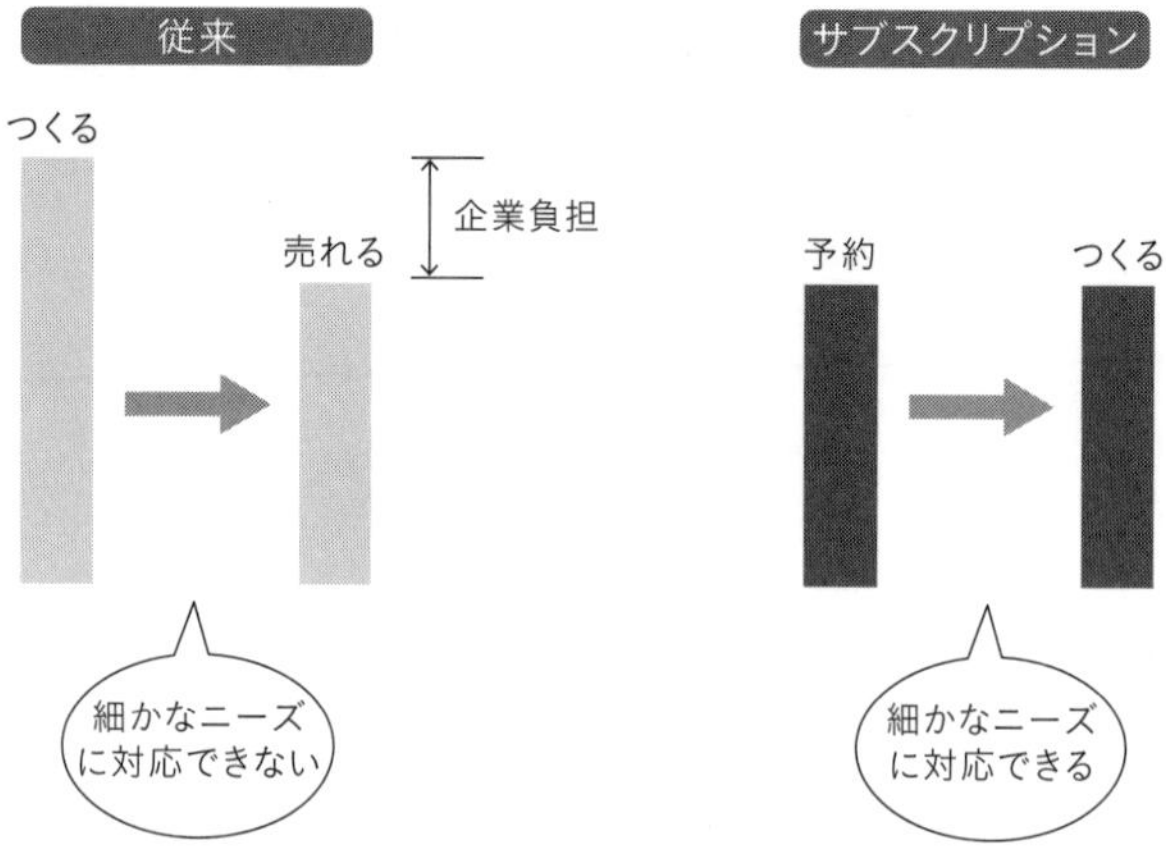

予約購買・利用型サブスクリプションの特徴

ができません。

また生産者側も、売れるかどうかわからないものをつくるのはリスク以外の何物でもありませんでした。

そこで、定期的に有機野菜やミールキットが利用される目途があらかじめ立てば、将来の需要がわかり、安定した生産と品揃えを実現できるというわけなのです。

サブスクリプションの事業をつくるフレームワーク

PTCPPという5つのステップ

ここまで、サブスクリプションを3つに分類してきました。みなさんが今使っているサブスクリプションがそれぞれどれに該当するかを考えてみると、理解が深まると思います。

さて、この章の目的はサブスクリプションの事業のつくり方をお話しすることでした。3つの分類にはそれぞれに適した商材があり、何にでも通用するフレームワークをつくるのはなかなか難しいのですが、基本的な枠組みとして共通して語れるものはあります。

それが次の5つのステップです。

・P：ペイン（Pain）の発見
・T：トライアル（Trial）で仮説検証
・C：コアバリュー（Core value）づくり
・P：事業計画（Profitability）の確定
・P：プロダクトマーケットフィット（Product Market Fit：PMF）

各ステップのキーワードから頭文字をとって、PTCPP《プトクップ》とよんでいます。

このステップにそって商品やサービスの開発を進めていくこと

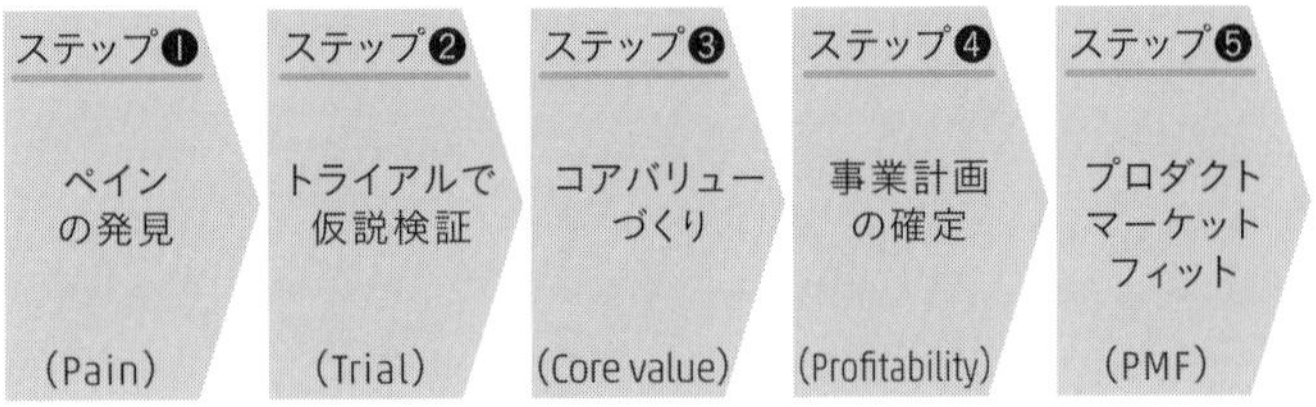

サブスクリプションの事業をつくるフレームワーク「PTCPP」

で、顧客の成功が生まれ、事業が成長していきます。順に説明していきましょう。

ステップ1：ペインの発見

新しく事業開発をするときは、いきなり商品・サービスをつくるのではなく、仮説を立てて、それが正しいかどうかを検証していくことから始めます。

自社の商品やサービス、もしくはすでにある世の中のものでまだ顕在化していない「実は不便なところ」、すなわちユーザーのペインを見つけ、その痛みをサブスクリプションで解決できないか？　と考えるのです。

とっかかりとして、まずはユーザーを**「セグメント（属性）」「ニーズ（欲求）」「ビヘイビア（行動）」**の3つの視点から分析し、それぞれのペインを発見していきます。

▼セグメント

たとえば、「30代の社会人」や「妊娠中の女性」「小さい子どもがいるママ」といった属性をもとに、ペインを見つける方法です。ターゲットがイメージしやすく、ペインのリサーチも進めやすいメリットがあります。

マイナス面としては、現代は属性が多様化しているため、ペインもばらばらになり、総合的な方向性がつかみづらいという点が挙げられます。

▼ニーズ

あるニーズをもってはいるけれど、現状の商品・サービスでは満足しきっていないユーザーを対象に、新しい価値を考える方法です。たとえば「もっと料理がうまくなりたい」「効率的に家事をしたい」といった声は、ニーズがクリアになっているため、ペインが見つけやすい傾向にあります。

でも、世の中には確かにあると感じるのに、なぜか無視されているニーズってありますよね。それらのニーズは解決が難しいケースが多く、ビジネス化のハードルが

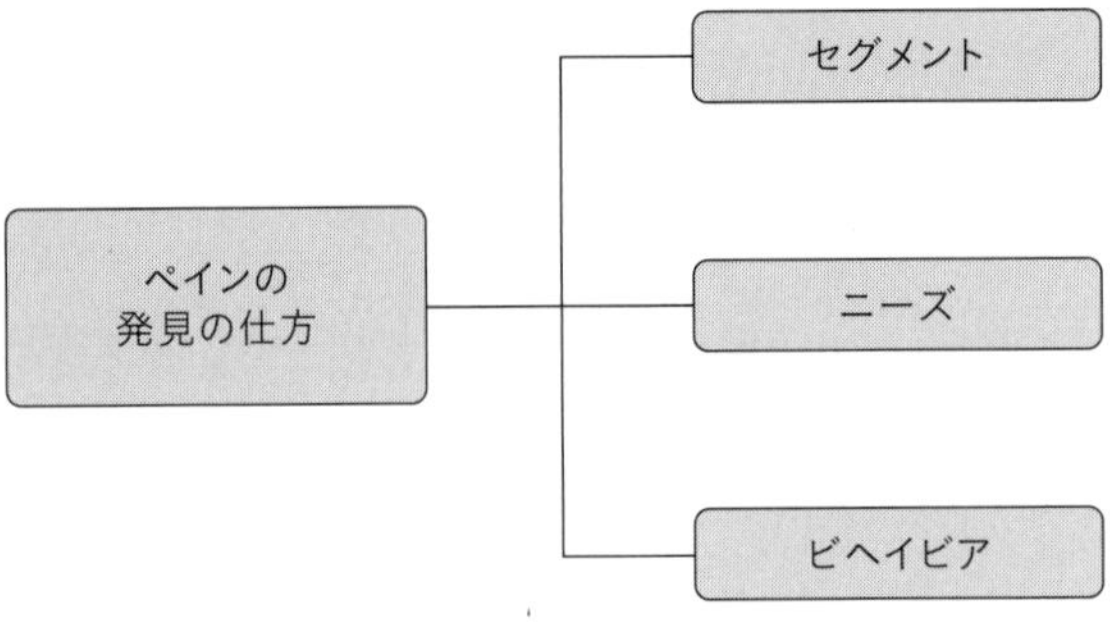

ペインの発見

高い場合があります。また、強いニーズはあるけれど、そのニーズを求めている人がとても少数だとしたら、やはりビジネスとしては拡大しにくい傾向があります。

▼ビヘイビア

ビヘイビアとは、特定の行動を取っている人を参考にしてペインを見つける方法です。たとえば、「通勤に自家用車を使う人」「バスを使う人」「電車を使う人」といったような切り口です。

ポイントは「この商品・サービスをすべて使っているわけじゃないけど、もうちょっと、こうできたらいいのに」というようなユーザーの隠れた心理を読み取ることです。ある程度のユーザー行動を把握した状態で考えるため、新しい事業よりは、既存ユーザー向けのアップセルやクロスセルの打ち手に落ち着くことが多いでしょう。なお、アップセルやクロスセルについては第4章でお話ししますので、ここでは先に進みたいと思います。

ペインを見つけ、商品・サービス設計をするときは、その周辺領域のことも考えます。

食材宅配であれば、レシピを考えて、注文して、届くのを待って、受け取り、冷蔵庫に入れ、調理して、食べて、片付けをする。そして再び使いたくなるかどうか……。ここまでを考えて、その行動の一つひとつにどんな体験を提供したいのかを考えます。

たとえば、時短を売りにしているサービスなのに、注文が面倒くさいとか、商品を届ける箱の片付けが手間だと、サービスには満足しても結局使い続けられなさそうですよね。

ステップ2：トライアルで仮説検証

ターゲットとペインの仮説が立てられたら、提供したい最低限の体験を盛り込んだ商品・サービスを開発し、トライアルのテストを行います。まずは小規模の商品・サービスを使ってもらい、**本当にターゲットは合っているか、ペインは解消されているか**を見ていきます。

近ごろ、ベータ版の段階でテストモニターを集めて試験的に利用してもらい、本リリースまでサービス改善を行う方法を見かけるようになりました。ＢｔｏＣのサービスなら、クラウドファンディングで商品・サービスに賛同してくれる人を集め、初期費用をサポートしてもらいつつ、リターンとしてベータ版のテストモニターを用意することもできます。

この方法で集まってくれるユーザーは情報に対する感度が高く、新しいモノが好きなアーリーアダプターの層です。応援したいという気持ちも強いですから、商品・サービス初期のユーザーとして丁寧に付き合っていきましょう。

また、初期のトライアルには家族や友人など自身の身近な人に協力してもらうのも有効です。最初からターゲットとなるユーザーのデータを取ることは難しいので、利用シーンでの課題を率直に教えてくれる身近な人のほうが、事業開発には適していると思われます。逆にいえば、**身近な人が「これいいね！」と思ってくれる商品・サービスをつくれないようでは、市場で受け入れられることなど到底難しい**と思います。

ステップ3：コアバリューづくり

トライアルでの検証で、ある一定数のユーザーから好評だったとします。ここから、**「ユーザーは商品・サービスのどこに本当の価値を感じて良い評価を行ったのか」を理解し、提供価値の核心、つまりコアバリューを見つける**のです。

たとえば音楽のサブスクリプションで、「1000万曲の音楽が無料で聴き放題」をトライアルで体験してもらったとします。このテストでは、音楽が嫌いな人を除いて、トライアルユーザーのほとんどが「いいね」と評価してくれることが想像できます。なんせ無料ですから(笑)。

そこで、このトライアルのユーザーに、利用シーンや利用状況、そして何が良いと思ったのかをインタビューしていきます。

ユーザーA「アーティストXの曲もあればアーティストYの曲も入っているし、今後新しく音楽を買う必要がないからいい」

ユーザーB「音楽好きの友人がおすすめの曲をシェアしてくれるから、自分で調べる必要がなくていい」

ユーザーC「たくさんの中から好きな曲を見つけるのが面倒。自分で今まで通りほしい音楽だけを買うよ」

ユーザーD「高校生のとき以来、ひさびさに好きな曲に出会ったよ。めっちゃいい」

ユーザーE「懐かしい曲ばっかり聴いた。シーンに合わせて聴けるからいいね」

実際のテストでも、このようなさまざまな声が聞けるかと思います。

ここで重要なのは「今までの商品・サービスよりいい」という価値ではなくて、**従来の商品・サービスでは満たされていなかったニーズが何で、どのような形になればそれが満たされ、価値を感じてもらえるかを考えること**です。

インタビューの例から、ユーザーAには価格や価値以外ではこれ以上喜ばれるサービスを提供できないかもしれません。ユーザーCには、簡単に好きな曲が見つかる体験が提供できたら、価値につながりそうです。そして、ユーザーBやD、Eに対しては、従来の都度購入では体験できないこと、つまり「好きな音楽を発見できる」という価値を、最新のテクノロジーでつくれるかもしれません。

このような分析を経て、コアバリューを導き出します。

注意すべき点としては、**見つけたコアバリューが、技術やコストなどの面から本当に実現可能かをつねに考えること**です。また、何でもありの商品・サービスをつくることがコアバリューではありません。選定したコアターゲットに対し、提供できる明確なコアバリューをしっかりと決めることが重要です。

ステップ4：事業計画の確定

ユーザーのペインからコアターゲットを決め、トライアルで商品・サービス案を磨き、コアバリューができると、次は事業計画を作成します。サブスクリプションの事業計画は、第5章でくわしくお話ししますが、要は**ビジネスとして成立するかどうか**です。

このタイミングの事業計画は、ざっくりとした内容で構いません。大事なことは、スモールテストを繰り返しながら、本当にうまくいくビジネスなのかを判断していくことです。ただし、いくら良いアイデアであっても、コストと利益のバランスがとれないとうまくいかないものです。

目安として、100人くらいで成り立つモデルであれば、商品・サービスを開発してスモールテストを開始します。

テストであっても実際に商品・サービスを使ってもらえれば、サブスクリプションの事業計画が正しいかどうかが見えてきますし、この商品・サービスはいくらで提供できるのか、必要としているユーザーに使ってもらうには、どれくらいのコストがかかるのかがわかります。これらを策定して、事業計画を確定させていきます。そして、本当にビジネスとして成り立つのかを改めて判断するのです。

テストをしている間も、ユーザーから受けたフィードバックをもとに改善を繰り返しますが、「この事業でいくぞ！」と決めたら、いよいよ本格的に商品・サービスを育てるフェーズへ移ります。

ステップ5：プロダクトマーケットフィット

サブスクリプションにおける「商品・サービスを育てる」とは、利用を始めた顧客に対して、商品・サービスを適応させていくことです。その起点となるのは顧客の声です。**どのような改善が顧客の成功に直結するか**という視点が求められます。

たとえば、便利や簡単といった価値をもつミールキットに、「料理をしたいけど時間がない」「料理が苦手」という顧客からの支持があったとします。この顧客の成功をつくるには、メニューごとにアンケートを行い、具体的にどのような改善が望まれているかを把握していくことが必要です。

レシピでよく目にする「塩少々」や「にんじんを乱切り」は、料理に初めて取り組む人にとってわかりづらい表現ですよね。

そこで、「塩ひとつまみ分」という表記に変更したり、つくり方の手順ごとに野菜の切り方がわかる写真を添えたレシピカードをつくったりするなどの改善を行います。

またこのステップでは、ベータ版ではなく、一般顧客に向けた有償の商品・サービスとしてリリースしています。ですので、顧客からはシビアなフィードバックをいただくこともあるでしょう。

「お客様がいきなり使わなくなった」「想定と違う使い方になっている」など、コアバリューを提供できていない顧客がたくさん出てきます。それ

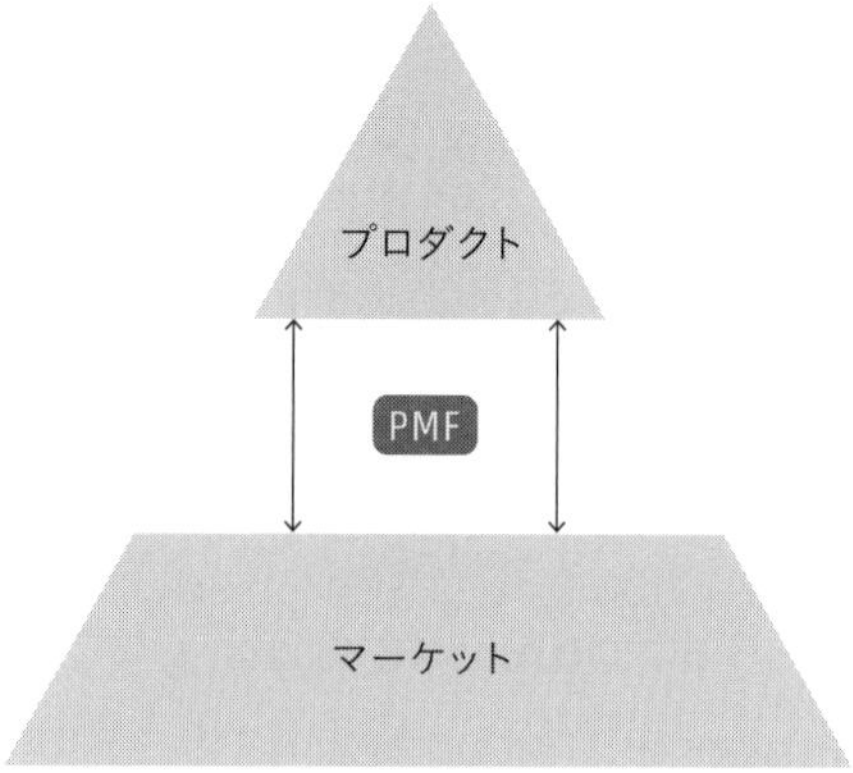

プロダクトマーケットフィット

らをしっかりと分析して、**商品・サービスをマーケットにフィットさせる**のです。この作業を**プロダクトマーケットフィット**といいます。

また、アンケートだけでは顧客の隠れた心理をつかみきれません。そんなときには、対面ヒアリングも行います。こうした細かな情報収集と分析・改善を重ねていくと、顧客は少しずつ商品・サービスのファンになってくれるようになります。

ゼロから事業をつくったクラウド型のサービス

ここで、サブスクリプションの事業づくりのフレームワーク「ＰＴＣＰＰ」をベースに開発したサービスの事例をご紹介します。

私が代表を務めるシンクロでは、デジタルマーケターのための学習アプリ「コラーニング（Co-Learning）」を法人向けに提供しています。クラウド型サブスクリプションで、チャット型のＵＩ（User Interface）でストーリーを読み、設問やアンケートに答えながらデジタルマーケティングの基礎を学んでいくアプリです。

▼解決されていなかった課題から事業のヒントを発見

まずは、ユーザーのペインを発見する（ステップ1）ところから始めました。

マーケティング業界は人材不足で、企業はデジタルマーケターの人材育成の悩みを抱えています。人材を育てるには、ＯＪＴやセミナー研修、課題図書を用意して読ませるなどの方法がありますが、どれも「本当にスキルが身についているのか」がわからないどころか、受講した本人すらも学習に手応えを感じにくい、という課題がありました。

一方で、デジタルマーケティングのコンサルティングの実績から、売上が伸びる企業には、ある共通点があることにも気づきます。それは、現場にいるマーケターにマーケティングスキルがしっかりと身についていることです。

以上の背景から、**現場で実務を担うマーケターのスキル向上をサポート**できれば、企業課題である社内教育と売上増加のどちらも解決できると考え、この事業を始めることを決意しました。

▼ベータ版を開発しトライアルを依頼

人材育成には、学習をしても「本当にスキルが身についているのか」という悩みがつきまといます。この悩みを解決する仮説として考えたのは、「学習した時間や内容を可視化すること」でした。

コアターゲットは、キャリア2年目くらいの忙しいデジタルマーケター。さっと始められて、場合によってはすぐに中断できるほうが良いだろうと、コンテンツは動画ではなく、**チャット型UIで読ませるテキストのストーリー**を採用しました。

1つの学習コースは約40のストーリーで構成され、読み進めると、自分がどのようなスキルを得たか、そしてどんなことを学んできたかがチェックできるようになります。

提供したい最低限の体験を盛り込んだベータ版を、いくつかの企業にお願いし、使っていただきました（ステップ2：トライアルで仮説検証）。

▼ベータ版の反応を参考に改善して正式なサービスへ

さっそくテストユーザーが使い始めると、いろいろなデータが出てきます。ストーリーの評価やアンケートの声、さらに継続率が高い人と低い人にどんな違いがあるのかなど、サービスを改善するためのたくさんのヒントがベータ版から得られていきます。

中には、あまり使われずなくしてしまった機能もありますし、「うちの会社には合わない」というフィードバックもいただきました。

そういった経緯を経て「**学習内容に応じてマーケティングのスキルを可視化し、実務へつなげる**」という、サービスのコアバリューが見えてきたのです（ステップ3：コアバリューづくり）。

データがあると、打ち手も具体的に浮かんできます。継続率が低いユーザーには、CRM（Customer Relationship Management）メールの送信やアプリのプッシュ通知が効きます。

CRMメールだったら、コース達成率から出した学習ランキングや、みんながクリップしている（自分が気になった内容や画像を保存できる機能）画像など、まわりの人の情報を添えて、学習への刺激を与える内容を選びます。

アプリのプッシュは情報量が限られるので、「今日もがんばりましょう」といった短いメッセージを発信しますが、データからどの時間に利用されているかを見て、適切な配信のタイミングを考えるのです。

こうしてベータ版からスモールスタートし、機能の改善を繰り返した結果、事業計画を確定し（ステップ4）、正式なサービスになりました。

▼顧客の成功体験を拡大する

コラーニングは、デジタルマーケターの学びを支援することで、顧客であるマーケターが「仕事に役立った」「自分で勉強したくなった」という成功を得られることをゴールとしています。

マーケティングに関するアンケート機能によって、同僚の意見を知ることができるのですが、利用いただいている企業からは「一緒にやることで学びが社内の共通言語になっていくし、みんなの考えていることが可視化された」と、チームビルディングに利用しているという声をいただきました。

これは、私たちも驚かされた顧客の成功です。これを受けて、今ある機能の改善とは別に、チームビルディングを拡大するような機能の開発を進めています。

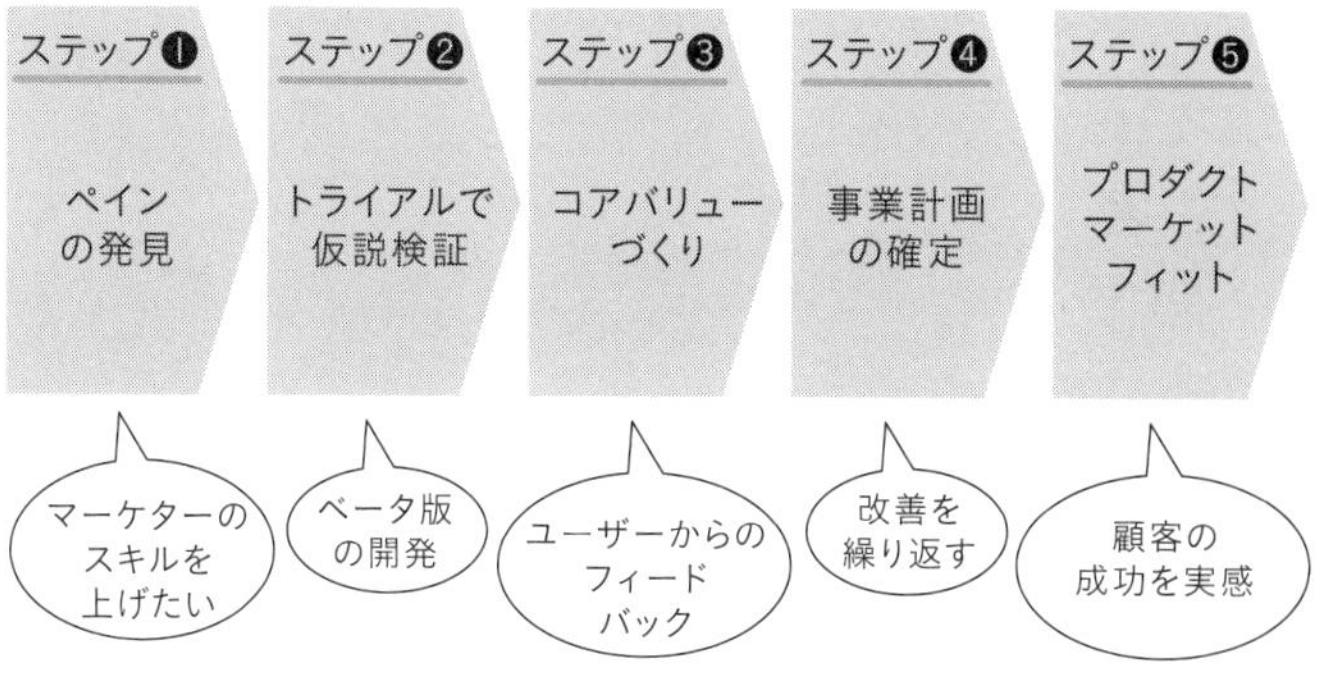

コラーニングのPTCPP

また、このサービスで可視化されたマーケティングスキルを人事評価制度に組み込む企業もあり、こちらも拡大の対象として開発を検討しています。

サービスの運営からわかることは、やはりデータの大切さです。マーケティングの本を読むだけだと、どの内容を大切だと感じたか、どこに難しさを感じているかがわかりません。

コラーニングでは、ストーリーを読み終えたあとにレビューができるので、その反応をもとにコンテンツの改善をしています（ステップ5：プロダクトマーケットフィット）。

サブスクリプションの拡大を促す3ステップ

PTCPPで事業をつくったあとは、拡大していくフェーズに移ります。事業を継続していくうえでも大切な段階です。

次の3つのステップを踏んでいくことになります。

・共感
・パーソナライズ
・入口商品づくり

ステップ1：共感

顧客が商品・サービスを気に入りファンになってくると、「〇〇っていいよ」と口コミが生まれます。このステップで活用したいのが、SNSです。商品・サービスを使っている様子をツイッターやインスタグラム（Instagram）に投稿するキャンペーンなどを行い、顧客の成功をシェアしていきます。第2章でお話しした顧客の成功体験を広げるとは、まさにこのステップで生きてきます。

また、アンバサダープログラムもよいでしょう。**アンバサダーとは、企業の理念やブランドがもつ世界観に共感し、心から商品・サービスについて発信してくれる人のこと**です。アンバサダーは無償で参加いただける人を募ります。そうすると、企業を応援したいと考える顧客が自然と集まってくれる傾向にあります。

アンバサダーは率先して手を挙げてくださった顧客なので、積極的に意見を発信してくれます。一方で、その自主性に頼りきらずに、自然と発信したくなるような環境づくりも進めていきましょう。

とくに、シェアリング型のサブスクリプションでは、ファッションや家具をシェアして利用することの発信をためらう顧客がいます。周りから「借りている」と思われたくないからのようです。

そんなときは、企業が主体となって、ファンミーティングを開いてコミュニティづくりを支援したり、SNSで投稿キャンペーンを企画したりと、顧客同士の結束を高めます。また、広報から社会に向けた発信も効果的です。

サブスクリプションの利用状況にまつわるポジティブな調査結果を発表したり、サブスクリプションが社会課題を解決するといった情報を発信したりしていく。そうして、顧客が「この商品・サービスが好きなんだ」と前向きに発信できる環境を整えていきます。

企業とアンバサダーは提供者と消費者という垣根を越え、一緒に価

サブスクリプションの拡大を促す3ステップ

値をつくっていく関係となることが理想となります。企業、そして顧客同士が共感でつながるのです。

ステップ２：パーソナライズ

顧客が増え、利用データも集まってきたら、商品・サービスをパーソナライズする方法を検討しはじめます。

コアバリューこそ同じであっても、使い始めの顧客もいれば、何度も使っている顧客もいるので、その利用体験はさまざまですよね。ですから、顧客の利用状況、成功している顧客の行動データを分析して、多様なニーズをもった顧客が一定の成功体験をつくれるように、パーソナライズしていくのです。

ここでいうパーソナライズとは商品やサービスを一人ひとりに最適化することもあれば、**ある共通する傾向や特徴をもつ顧客たちを1つのまとまりとみなす**こともあります。

たとえば、スポティファイなどのクラウド型サブスクリプションでは、データのやりとりのみなので、完全に顧客一人ひとりの利用状況に応じて、サービスの最適化を図れるのでしょう。

一方で、シェアリング型や予約購買・利用型サブスクリプションでは、リアルなモノのやりとりがあるので、完全な最適化は難しい場合が多く、ある程度の顧客のまとまりを見出してパーソナライズをします。このあたりは、第4章「KPIは「林」で考える」でお話しします。

ステップ3：入口商品づくり

サブスクリプションの拡大を促す、最後のステップです。ここまでくると、パーソナライズが進み、ある程度顧客の多様化にも対応できている状態です。顧客を本格的に増やしていくタイミングでもあります。

ここで考えたいのが、入口商品をつくることです。たとえば、「オリジナルのドラマをきっかけに動画配信のサブスクリプションを契約したが、自分が好きな海外ドラマがそろっているので契約し続けている」という人がいたとします。ここには、サービスを知り、使ってみようと思う商品や機能と、サービスの定着を促した商品や機能には違いがあることがわかります。

入口商品とは、前者のことを指します。顧客の行動データから、新規獲得に適した機能と、継続利用に適した機能それぞれを見つけ、顧客とのコミュニケーションに取り入れます。

また、このステップでは**事業の基盤となる顧客層がいるため、新規顧客獲得のための広告が効果的に働く**でしょう。

第1章で私は、「企業が一方的に情報を伝える広告だけでは、顧客が情報を信頼せず、モノを買わない時代になった」とお話ししました。でも、世の中やオンライン上に商品・サービスへの共感がすでに存在する状態であれば、新しい顧客も企業の広告を信頼して商品・サービスに関心をもってくれます。

このタイミングで広告に投資すると、商品・サービスの差別化を訴求する広告に留まらず、既存顧客の体験がベースとなったより安定感のある認知が得られます。

広告から「ファッションサブスクリプションで、暮らしが変わる」というメッセージを見た人が、SNSでそのサービスを検索し、ファンの投稿を目にする。

すると、広告のメッセージはどうやら確からしいと、興味をもってくれることがイメージできますよね。ウェブ上でのディスプレイ広告や、テレビCMなど、ターゲットにあわせて効率的に接触できる広告を実施して、サービスの顧客基盤を拡大していきます。

選ばれなければ意味がない

ここまで、サブスクリプションの事業をつくる5つのステップと、そこから拡大を促す3つのステップを見てきました。

事業づくりの「ステップ3：トライアルで仮説検証」の段階ではまだ商品・サービスとして荒削りなので、「ちゃんとした商品・サービスがなければ、使ってもらえないのでは？」という疑問があるかもしれません。不完全なベータ版でリリースしてしまって、「果たして顧客はついてきてくれるのだろうか？」そんな不安もわかります。

でも、**そもそも使われない商品やサービスは、その顧客にとって存在しないことと一緒**なんですね。もともとその人にとって、商品価値がないんです。

たとえばアマゾンの読み放題サービスであるキンドル・アンリミテッド（Kindle Unlimited）は、初月無料です。それでも利用しない人はいます。利用しない人にとっては、その商品・サービスはないことに等しいのです。なので、サブスクリプションの事業づくりでは、ベータ版で使ってもらえるか、他の商品・サービスの中から選ばれるかどうかを試してみることが大切です。

「商品・サービスありきでターゲットに訴求していく」から、「選ばれる存在になる」というマインドセットの転換が欠かせません。

ここまでサブスクリプションの事業づくりと拡大の方法をお話ししてきましたが、その前提となるのは、やはり顧客が商品・サービスを使い続けたいと思うかどうかです。

この視点を忘れないためのチェックポイントは2つあります。それは、**「顧客に暮らしを提案できているか」**と**「顧客の成功体験をアップデートできているか」**です。事業をつくるに当たって大切なポイントなので、順にくわしくお話ししていきます。

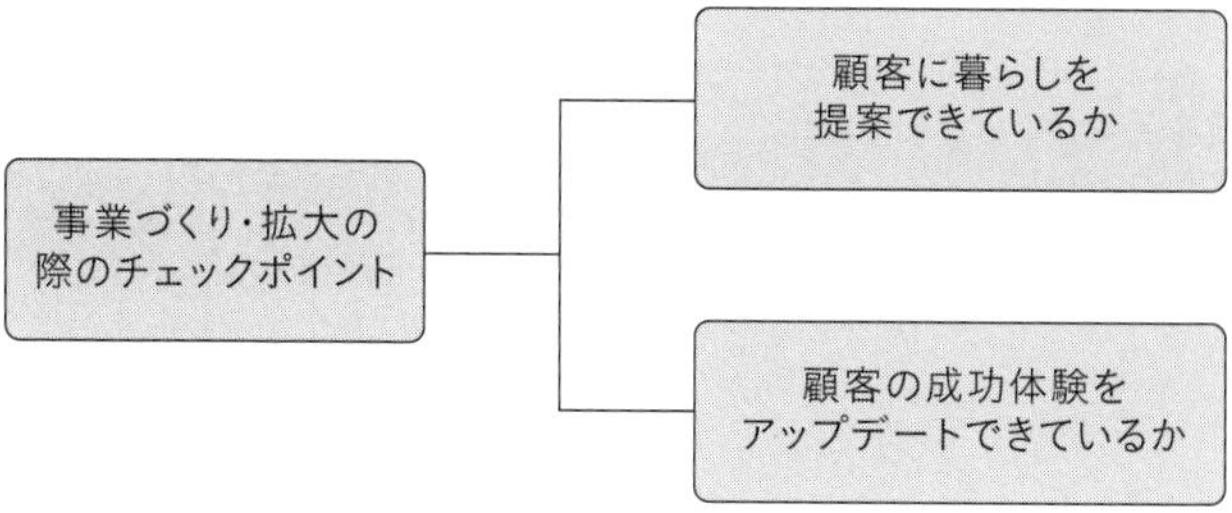
事業づくり・拡大の際のチェックポイント
顧客に暮らしを提案できているか
顧客の成功体験をアップデートできているか

2つのチェックポイント

顧客に暮らしを提案できているか

サブスクリプションは暮らしを提案する

まずは1つ目のチェックポイントです。

顧客がつねに商品やサービスを使い続けたいと思う状態をつくることは、いい換えると、商品・サービスを顧客の暮らしにフィットさせることになります。すると顧客の暮らしは、サブスクリプションがあるときとないときとで大きく変わります。

逆に**企業の立場から考えると、サブスクリプションは「新しい暮らしの提案」**だといえます。新しい暮らしでは、これまでの行動や生活の中での顧客体験が変わります。

たとえば自動車メーカーは車を介して、移動するということを提供してきましたが、サブスクリプションで車を乗り換えたり、好きなときに好きな車に乗れたりするようになると、車は移動手段から暮らしをつくっていくサービスになります。

　ひいては、行動範囲が広がったことによる活動的な暮らしや、ドライブを通して家族の時間を大切にするといった暮らしを提案することになるのです。

　もう一例として、美容室は髪を切ってもらう場所ですが、シャンプー、ブロー、ヘアセットだけに特化したサブスクリプションが登場しています。アプリで提携サロンの空き状況を見て、好きな時間に予約を入れる仕組みです。

　美容室は平日よりも土日が混むのに、料金は変わりませんよね。顧客も、ヘアセットだけお願いしたいけど、結婚式でもないのに頼むのは気が引ける……という気持ちがある。そういった互いの隠れた困りごと

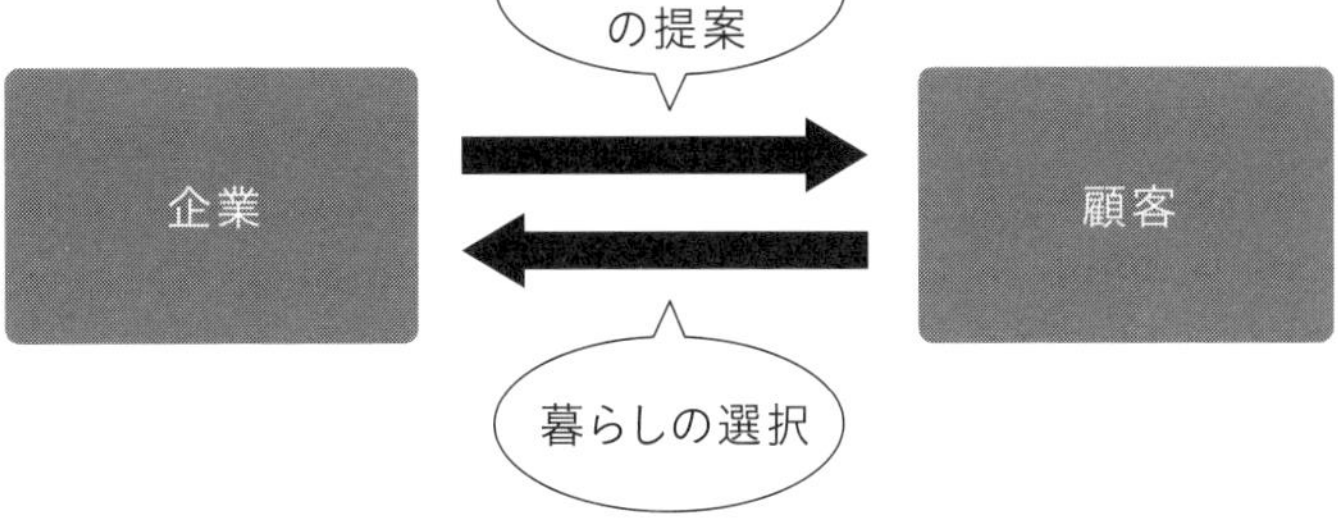

企業は暮らしを提案し、顧客は暮らしを選択する

を、アプリでつないでいるんです。

「大事な仕事の前はプロにヘアセットをしてもらいます。すると、自信がつき、商談の成功率が上がるんです」という顧客の声もあるそうです。ヘアセットから仕事がうまくいく暮らしを選んでいるんですね。

もちろんそれを必要としない人もいますから、サブスクリプションを利用することは、暮らしを選択していることともいえます。

暮らしの提案は伝わりづらい

しかしながら、サブスクリプションが提案する暮らしは、すぐに顧客が実感するものではありません。

たとえば、スタイリストによるコーディネート付のファッションサブスクリプションでも、最初は「洋服代が安くなりそうだから使い始めた。だから、人にわざわざ服を選んでもらわなくてもいいんだけど……」という反応があるでしょう。

それでも使い続けていくうちに、「コーディネートを参考にしていたらセンスが上がった」とか「自分で選ばない服を着られて楽しい」といった成功を体験していくのです。

私は、スポティファイの「音楽を発見する」というコピーが好きです。実際に使い続けていると、他の音楽配信サービスと違って、レコメンドされる楽曲の感じがとても自分にフィットしているんですね。

「若い頃はいろんな音楽を聴いて楽しんでいたのに、今は昔の曲ばかりを繰り返し聴いている。ちょっと悲しいな……」と思っているところに、スポティファイは新しい音楽との出会いを運んでくれます。

でも「音楽を発見する」の言葉どおりに、私ははじめから音楽を発見したいと思って使い始めたわけではないんです。レコメンドが心地よくて、使い続けていくうちに音楽を発見する暮らしがステキだと感じるようになっていた。

おそらく他の音楽配信サービスも、それぞれに提案する暮らしがあって、顧客は選択をしているのでしょう。

このように**サブスクリプションが提案する暮らしは、顧客が商品・サービスを利用して成功を体験することで初めて、気づいてもらえる**ものです。

ですからサブスクリプションは、初めて商品・サービスを利用してもらうとき、つまり

「利用の入口」のハードルを低くし、早い段階で成功を体験してもらう設計が必要です。

サブスクリプションの「初月無料」は、無料期間中に商品・サービスを気に入ってもらおうという打ち手なんですね。

入口設計のポイントは、顧客が「この商品・サービスはいいな」と実感できるかどうかです。既存顧客の行動データやアンケートの中に、もっとも支持される機能や体験が見つかるはずです。それを利用の入口設計に盛り込み、メールによるフォローやサービス内のチュートリアルに組み込んでいきましょう。

その暮らしを選ばない人もいる

サブスクリプションは暮らしを提案しますが、中には「提案した暮らしを選ばない人」もいます。ここまで、顧客の声を聞いて商品・サービス改善を繰り返していきましょう、とお話ししてきました。

ですが、**自社が提案する暮らしにフィットしない顧客の声は、参考程度に留めておきましょう。**

たとえば、ハイブランドな鞄のサブスクリプションが、月額5万円だとします。ビジネスのシーンに合わせて鞄をもち替えることができ、「商談がうまくいく」「仕事のモチベーションが上がる」といった顧客の成功があります。

この価格帯だからこそ細部までこだわって選びぬかれた鞄を提案でき、顧客はその暮らしを選択しています。

そこに、「月額の利用料を安くしてほしい」という声があったらどうでしょうか。この声を聞くことで、ハイブランドな鞄の品揃えの質が落ちてしまう可能性があります。

そうすると、本来の顧客も嬉しくないですし、このサービスが提案する暮らしとは異なりますよね。

もちろん、適切な価格帯にする必要はありますが、自社が実現したい顧客の成功や暮らしからブレてはいけないのです。

顧客に退会をお願いしてもいい

住まいのサブスクリプションを展開するアドレス（ADDress）は、月額4万円から同社が管理する物件に住み放題のCo-Living（住居と仕事場を兼ねたスペースのこと）サービスを展開しています。全国各地に点在する物件には、１回の利用で最大７日間住むことができます。

クローズドのベータ版サービスの頃から、問合せを２０００件以上集め、テストモニターによる利用を経て、正式にサービスを開始しました。

アドレスの顧客の成功は、地方で暮らすように滞在する体験を通して、新しい働き方の実現や全国の同じ価値観をもつ人たちと知り合い、人生が充実することです。

ですから、物件を管理するコミュニティマネージャーの家守《やもり》とよばれる人や、地域の人たちとの交流を望まない顧客に対しては、同社が目指す暮らしを丁寧に伝えるそうです。

それでも、**お互いが目指す成功が異なる場合には、返金して退会をお願いすることもあります。**

顧客の声をもとに商品・サービス改善を重ね、顧客の暮らしにフィットさせ、愛着をもってもらうサイクルを回していくなかで、スタートした頃と比べて提供する内容が変化することも十分ありえます。しかし、提供するコアバリューを見失ってはなりません。

顧客の成功体験をアップデートできているか

暮らしの変化をキャッチアップする

続いて、チェックポイントの2つ目を見ていきます。

顧客と企業が対等の関係をつくり、関係性が徐々に深まって、新しい暮らしを受け入れてくれる顧客が増えてくると、顧客の成功は多様化してきます。

同時に、既存顧客の成功の幅も広がり、同じ商品・サービスのままでは成功を維持することが難しくなるでしょう。

たとえば、オフィス向けのファッションサブスクリプションを使っていた顧客が、ライフスタイルの変化によって違うファッションを選びたいと考えることは、珍しくないと思います。

そんなとき、「最近、自分に合う服がないな」と思われて解約されてしまっては残念ですよね。

そこで、これまで積み重ねてきた顧客の成功を保ちながら、新しい成功もつくっていかなくてはなりません。**サブスクリプションは、顧客の成功体験をアップデートしていく**のです。

このとき必要なことは、顧客の声を聞き、望まれる成功に近づけることです。とくに商品・サービスが長く続くと、初期の顧客と新しい顧客が求める成功の形が異なることもあります。

その場合は、新しい商品・サービスを開発して、顧客の成功をアップデートする必要があります。

はじめアマゾンプライムは、アマゾンで買った商品を無料で届けるサービスでしたが、キンドル、動画配信とサービスが拡大していきました。これが、顧客の成功のアップデートです。

また、クラウド型のサブスクリプションが伸びている背景には、サービスの契約後も顧客の要望をふまえてずっと機能が増えているところにあります。

顧客の暮らしは、時代や社会情勢によっても変わっていくものです。今、どのような暮らしが望まれているかをキャッチアップして、事業を変化させていくことも必要でしょう。

ビジネスアセットをおさえる

顧客の成功体験をアップデートするときは、自社のビジネスアセットに注目します。

ビジネスアセットとは、商品・サービス、会員基盤、顧客データ、人材、開発環境、生産・物流体制など会社がもつ資産のことです。

自分たちではもっていて当たり前だと思っているところに、事業化の思わぬヒントがあるものです。

ビジネスアセットの中でまず注目したいのは、顧客の購入データです。誰がいつどこで、どのようにして商品・サービスを購入したかがわかるので、PTCPPのステップ1であるペインを探る手がかりとなります。

あるいは、外部パートナーとの関係性も、かけがえのないビジネスアセットとなります。商品・サービスをもつ企業は、シェアリングを考えることができるでしょう。

また、IoTやAIを前提とした商品・サービス開発が可能であれば、顧客データの取得が進めやすくなります。

さらに生産体制の見直しからも考える余地はあります。一般的にメーカーは販売代理店に商品を卸すため、自分の顧客がどんな人たちなのかを知ることができませんでした。

そんな中、卸や中間企業をスキップして、企業と顧客が直接つながることができるDtoCというビジネスのスタイルも増えてきました。

本章のはじめ、予約購買・利用型のサブスクリプションの話にも登場した**DtoCの仕組みは大量生産・大量消費とはまったく反対の方向性なので、比**

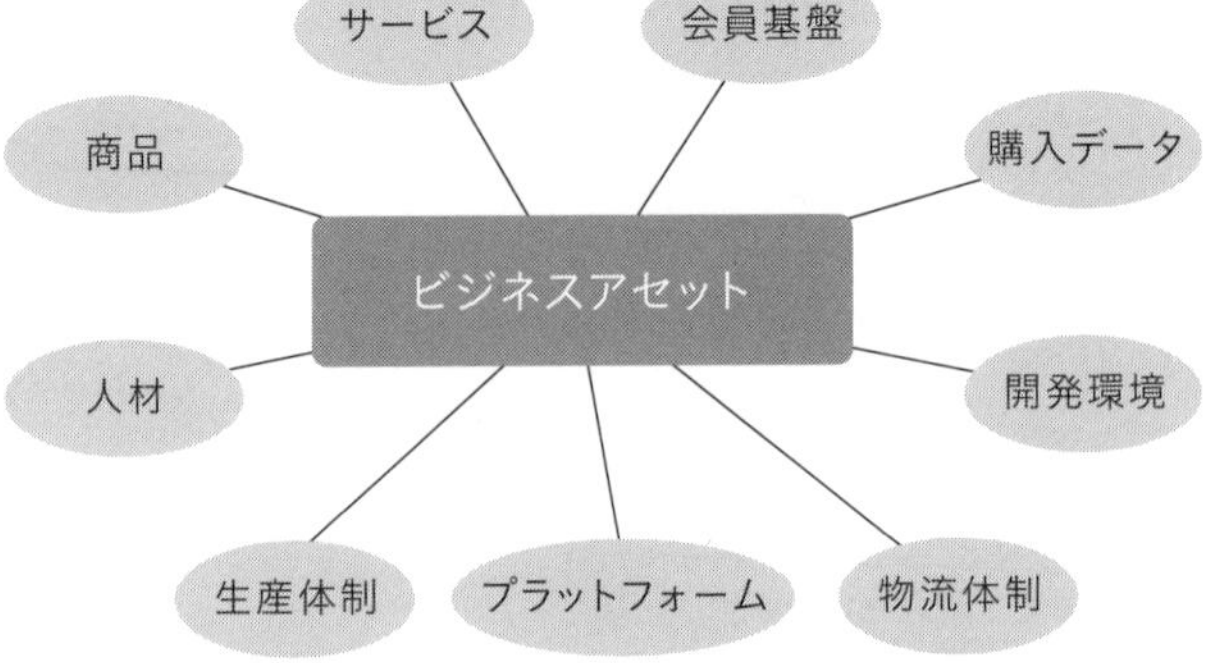

ビジネスアセットの主な種類

較的小規模に勝負しているベンチャーを中心に注目されています。

ただし、サブスクリプションと同じく、収益化するまでじっくりと取り組む必要があります。

しかしDtoCには、前述したように顧客と直接つながれることに加えて、顧客の声を反映して商品・サービスを開発し、ある程度顧客の支持を得た状態で販売できるメリットがあります。

ここでの実績をもとに拡大フェーズに移行したり、既存のものとはまったく違う商品・サービス開発に生かしたりといった付加価値も考えられます。

顧客と直接つながるという観点では、クラウドファンディングを商品・サービスの新規事業開発のプラットフォームとして取り入れている大手メーカーも現れています。

加えて、サブスクリプションの仕組み自体も、ビジネスアセットと捉えられます。たとえば、車や時計など、使っていると愛着がわいてくる商品は、利用しているうちに所有したいという気持ちも生まれてくるでしょう。

そこへ、定期利用だけでなく購入（買取）のプランを追加すれば、顧客に新しい成功を提供しつつも、新たな収益源となります。

実際にいくつかのファッションサブスクリプションは、商品の購入サービスも行っています。これは、顧客からの「レンタルした服が気に入ったので、買い取りたい」という要望から生まれています。

サービスを進化させていくチーム

ビジネスアセットからのアプローチは、どちらかというと既存の商品・サービス以外の道を模索しています。

一方で、既存事業の進化がサブスクリプションの面白いところだと、私は思っています。商品・サービス改善を重ねるうちに「これは新しい事業になるかもしれない！」という新商品や新サービスの種が見つかることがあるのです。

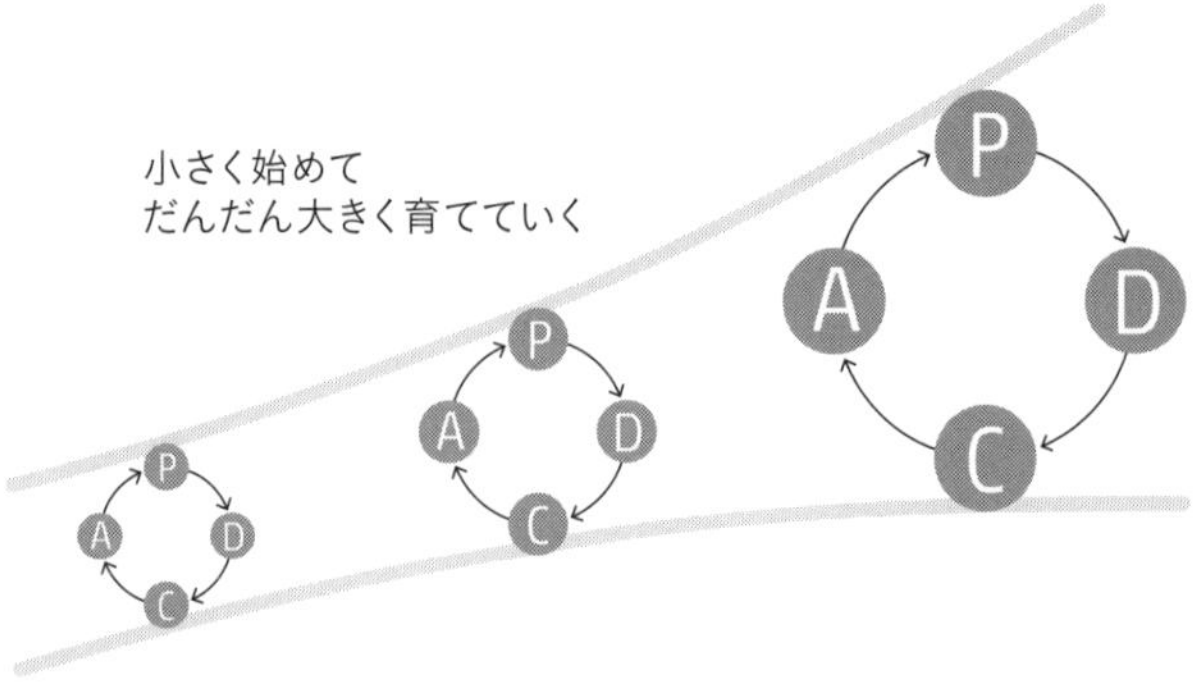
小さく始めて
だんだん大きく育てていく
P
D
C
A

サービス進化チームのPDCA拡大イメージ

新たな商品・サービスのきっかけを見つけたら、サブスクリプションの事業づくりの5つのステップと同じく、始めは少数の顧客に向けてテストを行い、その人たちが定着するように改善を繰り返します。

そして、事業拡大を促す3つのステップに則って、徐々に顧客を増やして、LTVを伸ばす打ち手をやって……と繰り返し、事業を拡大していきます。

ここではPDCAを回しながら、少しずつ大きく広げていくように事業を成長させていくのが理想的です。事業開発のリーンスタートアップに近いかもしれません。

これを主導するのは、「サービス進化」とよばれるチームです。

サービス進化チームは、サブスクリプションのメイン事業に併走しながら、新たな事業を育てていきます。

サービス全体に目配りしているので、あえて「新規事業チーム」とか「マーケティングチーム」とはいわずに「サービス進化チーム」とよんでいます。

サブスクリプションの事業拡大に欠かせないチームですので、第6章でくわしく説明しましょう。

まとめ

この章では、まずサブスクリプションを3つに分類し、それぞれの特徴をおさえました。

次に、ＰＴＣＰＰというサブスクリプションの事業づくりのフレームワークと、事業の拡大を促す3つのステップについてお話ししました。このときチェックするポイントとして、「顧客に暮らしを提案できているか」「顧客の成功体験をアップデートできているか」という観点を示しました。

次の章では、サブスクリプションの事業を実際に進めていくうえでおさえておきたい重要な指標、すなわちＫＰＩ（Key Performance Indicator）についてお話しします。

第4章

サブスクリプションのKPI

サブスクリプションのＫＰＩの考え方

ここまで、サブスクリプション・マーケティングの基本的な考え方とサブスクリプションの事業のつくり方を見てきました。これらを土台として、この章から実践に踏み込んでいきます。

とくに、サブスクリプションのビジネスを始めたいと思っている人にとっては、売上の壁を超えるために必要な基礎となる章なので、ちゃんとおさえておいてほしいと思います。

「ユーザー」「顧客」「会員」の違い

さて、サブスクリプションのＫＰＩを知るうえで、はじめに理解しておきたいのは、**「ユーザー」「顧客」「会員」**の言葉の定義です。

言葉の定義は企業によって異なると思いますが、関係者の間で意味を取り違えていると、めんどうなことになります。

とくに中途採用者が多い企業や外部パートナーとの関わりが多い企業は、「お互いわかっているだろう」と思ったとしても、まずは共通理解として言葉の定義を確認してみてください。

ユーザーは、利用する・しないに関係なく、商品・サービスを認知しているすべての消費者のことを指します。

顧客は商品・サービスを利用している人の中でも、お金を払っている人のことです。

会員は商品・サービスの提供側がつくる会員制度に入会している人のことです。

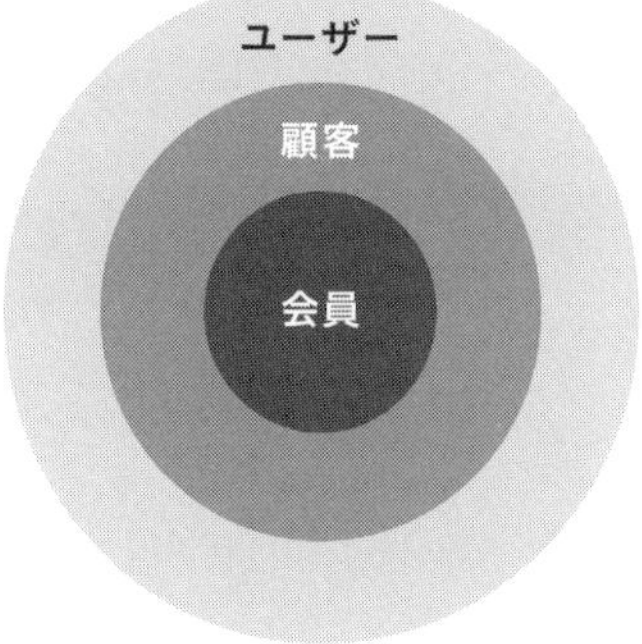

ユーザー、顧客、会員の分類

サブスクリプションのKPIは3つ

言葉の意味を正確におさえたうえで、本題に入っていきましょう。

サブスクリプションのKPIは「会員数」「稼働率」「単価」の3つです。

会員数は、サブスクリプションの有料会員数のことで無料会員は数えません。

稼働率は、ある期間内で有料会員がどのくらいの頻度で利用しているのかを測る指標です。一般的に利用回数を利用期間で割って、パーセントで表します。

単価は商品やサービスの提供価格です。

なぜこの3つがKPIなのかというと、**サブスクリプションの売上は「会員数」×「稼働率」×「単価」で計算する**からです。

たとえば、会員数1万人、稼働率50%、単価5000円のサブスクリプ

売上 ＝ 会員数 × 稼働率 × 単価

サブスクリプションの売上の構成要素

ションのサービスがあったとします。すると、売上は、会員数1万人×稼働率0・5×単価5000円＝売上2500万円と計算できます。とてもシンプルな計算ですね。

KPIは「林」で考える

3つのKPIから構成される売上の構造を知ると、売上を上げるための打ち手がイメージしやすくなったと思いませんか。

具体的には会員数を増やすか、稼働率を上げるか、単価を上げれば良いということがわかりますよね。

さらにここから、会員数と稼働率についてはそれぞれをもう一段階細かく分解していきます。

なぜなら、「会員数」と「稼働率」というざっくりし

KPIは「林」で見る

た見方では、まだKPIとしての粒度が粗すぎるからです。具体的に、会員数で考えてみましょう。

会員数の中には、新規で入ってくれる人もいれば、解約してしまう人もいます。もし、広告を打って新規会員になってくれたとしても、その後解約される割合が高いとわかっていれば、広告を出稿することがもっとも良い打ち手とはいえませんね。

だから、解約した会員の傾向を見て、どんな理由で解約した人が多いかを知り、打ち手を考えるのです。

とはいえ、会員一人ひとりの数字を細かく追う必要はありません。**全会員が「森」、会員1人が「木」だとすると、私は「林」くらいの単位で見ることをおすすめしています。**たとえば、会員になって3か月から1年以上利用している会員のまとまりを「林」と捉えます。

以後は会員数と稼働率それぞれの「林」を見ていきます。なお、単価についてはのちほどふれますが、商品・サービスの特性によってさまざまなので、サブスクリプションの分類別で考えます。

会員数の考え方

「新規会員」「継続会員」「解約会員」に分ける

サブスクリプションのKPIの1つ目である会員数は、**「新規会員」「継続会員」「解約会員」**の3つに分けて考えます。

新規会員は、新しくサブスクリプションの有料会員になった人です。継続会員は中堅会員とベテラン会員からなる有料会員です。それぞれどのくらいの期間継続していたら中堅とするか、ベテラ

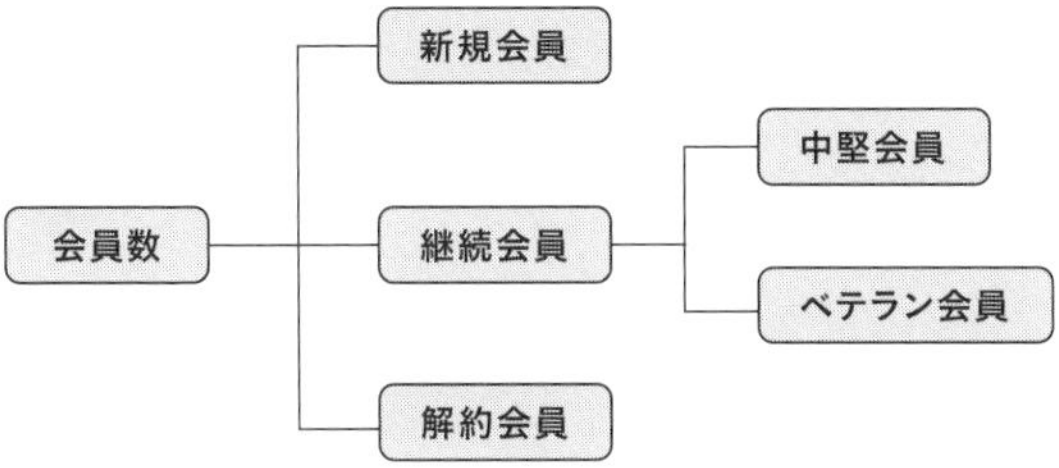

会員数の考え方

会員数 ＝ 新規会員 ＋ 継続会員（中堅＋ベテラン） － 解約会員

会員数の計算

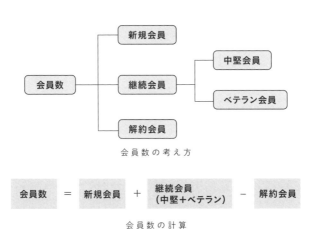

ンとするかは事業の特徴によって異なります。解約会員は、途中でサブスクリプションの有料会員をやめてしまった人です。

したがって、サブスクリプションの会員数は、**新規会員＋継続会員－解約会員**で計算できます。

サブスクリプションでは、新規会員と解約会員の要素を検討していくことがとくに大切なので、これらに絞って見ていきます。

新規会員を考える3つの要素

新規会員を考える要素として、**「訪問数」「コンバージョンレート（CVR）」「転換率」**の3つがあります。

訪問数はサービスのサイトを訪問したユーザーの総数です。

CVRは訪問数に対してサービスの顧客となった人の割合です。

転換率は顧客のうち実際にサブスクリプションに申し込み、定期購入するようになった人（サブスク会員）の割合です。

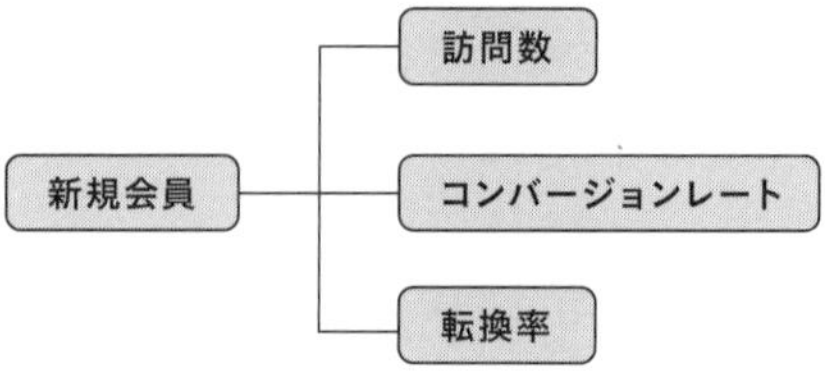

新規会員の要素

これらから、**新規会員は訪問数×CVR×転換率で計算します。**

新規会員を増やしたいときは、流入チャネル、ランディングページ（LP）、コミュニケーションの3つの改善を行います。

流入チャネルとは、どのサイトから自社のサイトへアクセスしたのかを表す顧客の流入経路のことです。

LPとは、顧客が最初にアクセスするページのことを指しますが、マーケティングの打ち手の話でいうと、広告やリンクをクリックして最初に表示される、顧客獲得を目的としたページのことを指すことが多いです。本書でも、後者の意味でお話しします。

コミュニケーションとは顧客との関わり方ですが、ここでは広告の打ち手のことを意味しています。

これらを改善し、CVRやサブスク会員への転換率が上がったかどうかを見ます。見落としがちなのが、LPの申込みフォームです。LPへ流入しているのにCVRが低い場合は、「フォームが入力しづらい」「入力情報が多い」といった課題があるかもしれません。ぜひ、優先的に改善をしてください。

$$\text{CVR} = \frac{\text{顧客になった人}}{\text{訪問数}}$$

CVRの計算

$$\text{転換率} = \frac{\text{サブスク会員}}{\text{顧客}}$$

転換率の計算

解約会員は「新規」「中堅」「ベテラン」に分ける

次に解約会員を考える要素として、サービスの契約期間ごとに分けた**「新規解約」「中堅解約」「ベテラン解約」**の3つがあります。

たとえば、毎日のように使うサービスであれば、新規解約は契約から3か月まで、中堅解約は3か月から半年まで、ベテラン解約は半年を過ぎてから解約した人と考えることができます。継続利用を前提とするサブスクリプションでは、この契約期間で解約会員を分けるのがポイントです。

初期で解約した人はサービスに定着しないままやめたと考えられますし、ベテランは定着したけれど何らかの理由でやめたことがわかります。

サービスを長く使う＝会員にサービスが定着する（慣れる）

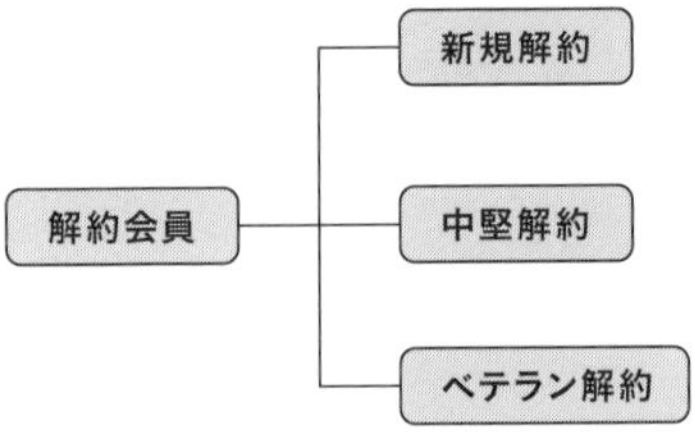

解約会員の要素

期間はサービスによって異なるため、自社のサービスでは定着にどのくらいの期間が必要かを検討したうえで、新規、中堅、ベテランを分けます。サービスを走らせている中で適切な分け方が見えてくると思います。なお、サービスが定着しているとは、顧客が十分にサービスの機能を使い、成功を体験している状態のことです。

1つの考え方として、はじめに解約率が上がるタイミングが、サービスの定着を判断する指標となります。解約率はある期間における、対象とする会員層の解約数をその会員数で割れば計算できます。

はじめに解約率が上がる時点までの会員を新規と定義し、新規解約が多いならば、サービスの定着を促す打ち手を実行すればよいのです。

対して、中堅やベテランの解約はサービスに慣れているため、新規とは異なる理由で解約したと考えることができます。

このように、**会員がどのくらいの間契約していたかで、解約の理由が異なります**。すると打ち手は、単に「継続利用を促すために、クーポンを発行する」ではないことがわかりますよね。解約を契約期間で分けると、より効果

$$
\text{解約率} = \frac{\text{解約数}}{\text{会員数}}
$$

ある期間における解約率の計算

的な打ち手を考えやすくなります。

稼働率の考え方

「稼働率が下がったからセール」は間違い

次に、サブスクリプションのＫＰＩの2つ目、稼働率を見ていきます。稼働率は、ある期間内に会員がサービスを利用したかどうかの指標です。とくに予約購買・利用型のサブスクリプションでは、重要なＫＰＩとなります。

つねに使い続けることが前提のクラウド型やシェアリング型のサブスクリプションの稼働率は、ほぼ100％に近いのですが、予約購買・利用型のサブスクリプションでは、一定数のキャンセルが起こります。稼働率の変化が売上に直結しますので、注意深く観察したい指標です。

よくある打ち手の間違いは「稼働率が下がったからセールをしよう」です。利用頻度を高めるための打ち手としてよく実施されがちなのですが、さきほどの解約会員の考え方と同じようにまずはどのような会員の稼働率が下がっているのかを突き止めた方が、正しい打ち手を実行できます。

ですから、稼働率も**「利用者別」「コース別（プラン別）」「R別（Recency別）」**の3つに分けて考えます。

これらの切り口で見ると、どこの稼働率が下がったのか、誰の稼働率が下がったのかがわかります。稼働率の低下が入会したばかりの層だけによるものならば、稼働率の低下が見られない他の会員にまでセールをすることはありません。

つまり、**単なるセールは打ち手として避けるべき**なのです。このような機会ロスを防ぐためにも、稼働率は3つの切り口で多角的に見てほしいと思います。

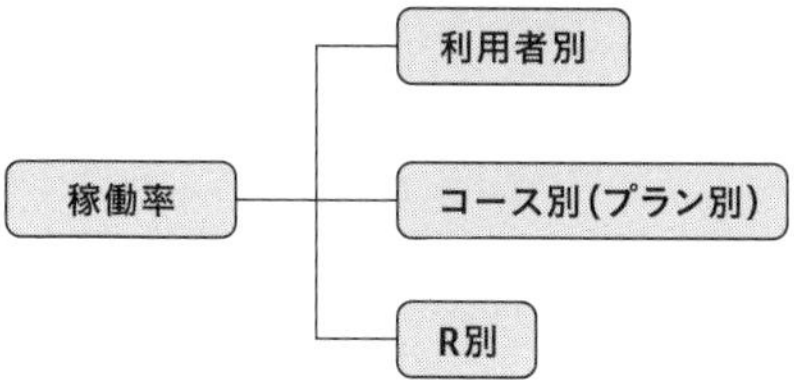

稼働率の考え方

利用者別は、解約率を追うために設計した新規・中堅・ベテランの中で、それぞれの稼働率を見ます。「会員数の考え方」でお話ししたように、サービスへの定着に応じてサービスの利用も変化します。新規の稼働率が低かったら「サービスの使い方がわからないのではないか」、ベテランの稼働率が低かったら「サービスに飽きているのではないか」などの仮説を立て、打ち手を考えていきます。

コース別（プラン別）は、用意されているコース（プラン）それぞれの稼働率を見ます。サブスクリプションには、料金が異なる複数のコースを設定している場合が多くあります。また、ＢtoＢサービスであれば、利用人数に合わせてコースを分けているのが一般的ですよね。コースごとに、利用状況には違いがあります。

たとえば、クラウド型サブスクリプションのサービスでは、利用する従業員の人数に合わせて、スモールプラン、スタンダードプラン、プロフェッショナルプランといったようにコースを分けているのをよく見かけます。事業規模ごとにサービスの利用頻度は異なるはずです。ですから、まとめて稼働率を追うよりも、プラン別の方が変化に気づきやすくなり、適切な打ち手を考えられるのです。

休眠会員は必ず起こす

R別のRは直近（Recency）を意味し、直近に利用されているかどうかを知るための指標です。稼働している会員と休眠会員を分けて考える助けになります。**休眠会員とは、使い方がわからないまま放っている、そもそも入会していることさえ忘れてしまったなど、利用料だけを払っている会員のことです。**

サブスクリプションの多くが定額制のため、サービス提供者側からするとサービスを利用していない休眠会員の存在は得だと考える人がいるかもしれません。

しかし、それは大きな間違いです。

休眠会員は、退会しやすい傾向にあります。なぜなら、本来は受け取るべき商品やサービスを何かしらの理由で受け取れておらず、お金だけを払っているからです。こうした状態は顧客体験を著しく損ねます。ですから、**休眠会員は起こしてあげましょう。**むしろ、サービスが使われていない状況には、危機感をもったほうが良いと思います。

休眠会員を起こす打ち手は、個別のアプローチが効果的です。メールでサービスの使い方を改めて案内したり、アプリのプッシュ通知を配信したりするなどして、サービスを体験してもらうことを促しましょう。休眠会員に対しては、クーポンの配布も有効です。まずは、再び使ってもらうことを目指すのです。

利用者別、コース別、R別に分けたときに、どの会員の稼働率を上げていくことが、もっとも売上に影響するか。これを意識するだけでも稼働率の打ち手はぐっと良くなりますよ。

単価の考え方

クラウド型およびシェアリング型の単価設定

サブスクリプションのKPIの3つ目、単価について考えます。

単価は提供する商品・サービスによって多種多様なので、一概に語ることは難しいのですが、サブスクリプションの分類をもとに大きく2つの傾向があります。ここでは定額サービスが比較的多いクラウド型およびシェアリング型と、定額サービスが少ない予約購買・利用型に分けて解説していきます。

クラウド型およびシェアリング型サブスクリプションの単価は、稼働率のコース別でお話しした通り、ライトコース、ベーシックコース、プレミアムコースというように、コースごとにいくつか設計されています。コースは一度つくったら終わり、ではありません。**利用状況に合わせた最適なコース設計を考えて管理することで、売上を上げていく**ことができます。

コース設計の考え方は、フィットネスクラブが参考になります。フィットネスクラブの多くは、全日利用できる基本コースのほかに、土日コースや平日夜だけのコースなど顧客が通いやすいさまざまなコースが用意されています。

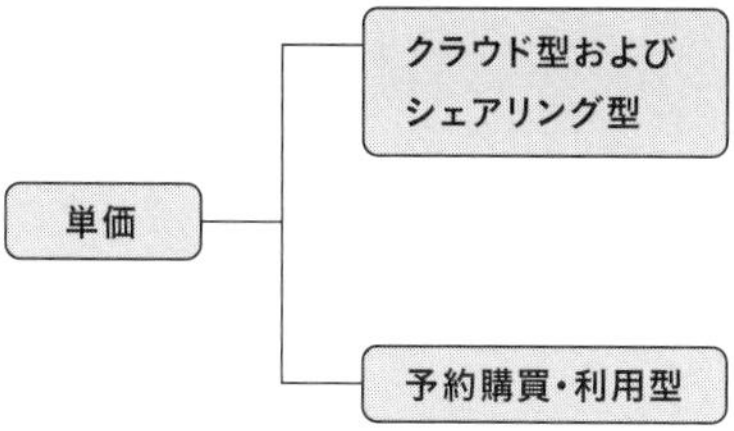

単価の考え方

土日コースや平日夜だけのコース料金は、全日利用できる基本コースよりも安く設定されている傾向があるため、売上が下がってしまうのではないだろうかと思いますよね。でもこれは、個別のコース料金は下げつつも、全体の売上を上げる方法なのです。

フィットネスクラブを退会する人は、「毎日通いきれない」「利用料がもったいない」という理由を抱くことが多く、必ずしも顧客体験が良いとはいえない状態です。そこに、特定の日の利用を想定した料金の安いコースがあれば、不満を抱いている人の解約を防ぐことにつながります。

サブスクリプションでも同様に、会員の利用状況や解約の理由を分析してコースを見直し、全体の売上を最大化していきましょう。新しいコースをつくったり、コース料金を変えたりする場合には、一部の顧客だけに向けた試験的な料金で利用してもらい、その料金設定が妥当かどうかの参考にしても良いです。

予約購買・利用型の単価設定

また、予約購買・利用型の単価は、コースではなく商品自体のラインナップから考えます。入口の時点では同じ商品を使っていても、長期的な継続によって利用者の暮らしは変化します。その変化を捉えて、ワンランク上の商品をつくったり、手軽に使いやすい商品を準備します。

これは旧来の定期購買とは違い、一定の利用者がいるからこそできる商品開発の仕組みといえます。

予約購買・利用型のみならずサブスクリプション全体にいえる重要なことは、**サブスクリプションでは単価を上げることがゴールではなく、できる限り継続して使ってもらうこと**です。

ですので、単価を上げるための料金設定だけをするのではなく、継続利用してもらうために、より良い体験ができる価格設計を第一に考えます。単価設定で迷った際は、私は継続利用してもらいやすい方を選ぶことをおすすめします。

アップセルとクロスセルで単価を上げる

サブスクリプションの分類別とは異なる、顧客単価を上げる打ち手も考えられます。

アップセル、クロスセルとよばれるやり方です。

アップセルとは、サービスの利用可能人数を増やしたり、機能を増やしたりすることで単価を上げる手法です。シンプルに単価をアップさせる打ち手ですね。

クロスセルとは、既存サービスと別のサービスを掛け合わせることで、単価を上げる手法です。

家具のサブスクリプションを例に考えてみましょう。顧客が借りることができる家具の種類を従来よりも豊富にして選択肢を充実させることで、単価を上げる打ち手がアップセルです。一方、家具の設置や解体・回収サービスをオプションとして用意する打ち手はクロスセルといえます。

また、週ごとに予約購買・利用するサブスクリプションの場合、その利用に連動する別のサービスをクロスセルとしてつくってみることもできます。

たとえば、自宅に人がきて料理をつくり置きしてくれるサー

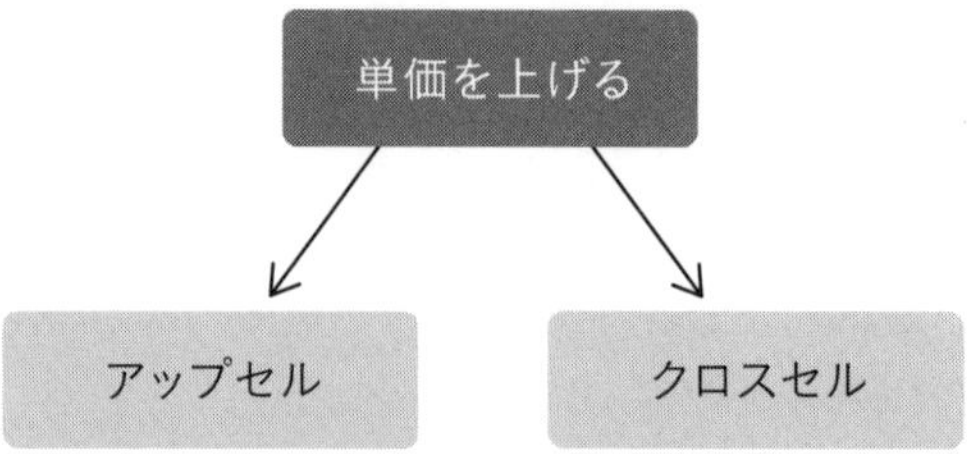

アップセルとクロスセル

ビスがあったとすると、それとセットで利用できるお掃除コースもあるというような設計です。

すると、お掃除をお願いしたいから、一緒に料理も頼もうという選択肢も広がり、サービス全体の稼働率が上がるということも考えられます。このようにクロスセルは、単価を上げるだけでなく、サブスクリプションの稼働率を高める使い方もできます。

価格を上げることは悪いことか

従来は、商品が一度売り出されたらその後の価格変更はしないことが当たり前だと思われていました。しかし、ここではそれをあっさりとかわして、むしろ単価を上げる打ち手を提案していることに驚かれた方がいるかもしれません。

そうです、私はサブスクリプションではもっと柔軟に価格を変えていくべきだと思っています。

「そうはいっても、価格を上げるなんて簡単にはできないよ」と思われている方がいるかもしれません。確かに、商品やサービスの価格を上げることは、一般的に良いこととは思われていないですよね。

ですが、サブスクリプションにおいては、そうでもありません。実際にネットフリックスやアマゾンプライムは過去に値上げを行っています。頻繁に価格を変えて良いとはいえませんが、**サブスクリプションの価格に柔軟性をもたせることは、悪いことではない**と思います。

顧客とつながり、顧客の成功をサポートしているからこそ、企業と顧客はお互いに納得して価格を最適化することができます。もちろん、価格を上げるのなら顧客が成功を実感していなければなりません。

アマゾンプライムが値上げをしたときに、価格が上がったからといって解約した人は少ないのではないでしょうか。そうであるなら、支払っている価格以上のメリットを顧客が実感している証拠です。**結局は提供価値なのです。**

また、価格を上げることだけを考えるのではなく、サービスの運営上で大幅なコストダウンが実現できたらどうでしょう。その分、価格を下げることもできますよね。

サブスクリプションは顧客との関係性を築くビジネスです。やっぱり自由度のある価格設定が良いのかなと思っています。

解約率を下げる方法

もっとも大切な打ち手は何か

ここまで、サブスクリプションの3つのKPI「会員数」「稼働率」「単価」に対する、さまざまな打ち手を見てきました。広告中心のプロモーションと異なり、顧客が商品・サービスを使い続けたくなるようなマーケティングの打ち手をいかにして考えるか、という視点が多いことに気づいてもらえたと思います。

では、ご紹介してきた打ち手のうち、どの打ち手がサブスクリプションにとってもっとも大切だと思われますか?

会員数は事業運営の基盤なので大切です。稼働率も使われていることがわかるアクティブな指標として欠かせません。単価が適切でないとそもそもビジネスとして成立しませんよね。

さて、答えは**会員の解約率を下げること**です。3つの中のさらに細かい指標なので難しかったでしょうか。

なぜ解約率を下げることが大切かといえば、**解約とは顧客の成功をつくれなかったことを意味する**からで

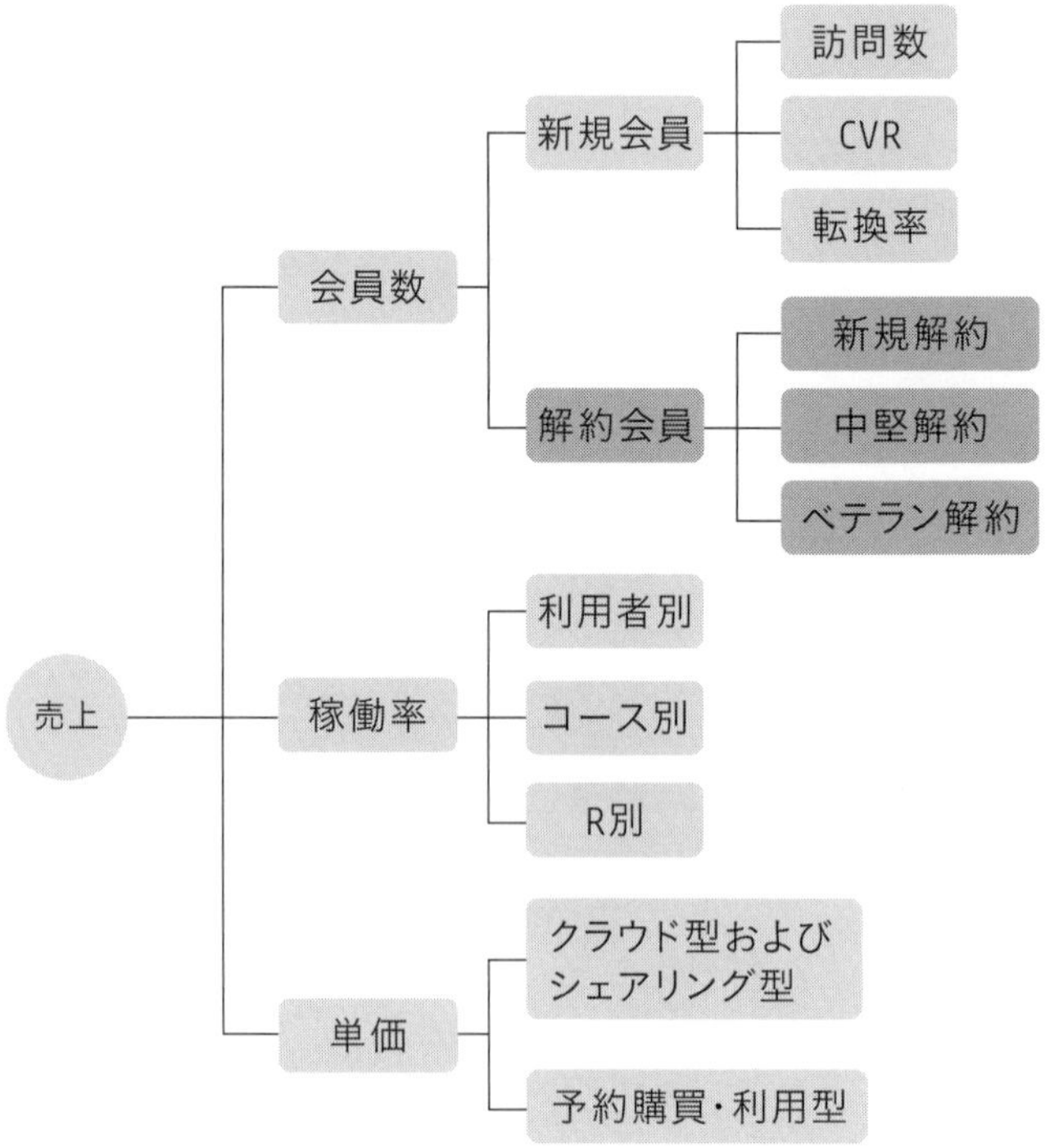

サブスクリプションのKPIの構造

す。

解約会員の説明のところで、新規・中堅・ベテランの会員ごとに解約理由が異なるとお話ししました。サービスを契約してすぐに解約してしまった会員は、サービスを使ってみたいという意思はあったはずです。

では、なぜ解約してしまったかというと、**届けたいと思っているサービスの価値をうまく体験できなかった**ことが考えられます。よい体験を感じられないと、使い続けたいと思わないですよね。だから、サービスに定着できなかったのです。

サービスに定着しないと、定期的に使っていただくことはそもそも難しくなります。そこで、新規解約をした会員の行動・利用データを中堅やベテランの会員と見比べ、新規解約会員が使い切れていない機能やサービスがないかを見つけます。もし、それらをうまく使えていない会員を見つけたら、活用を促してみましょう。

具体的には、サブスクリプションの契約後に使い方のメールを送ったり、チュートリアル風のＵＩに変更したりするなどのアプローチが考えられます。そして、サービスが提供する顧客の成功を早い段階で体験してもらうことが大切です。

一方、中堅以上の顧客は明確な解約の理由があるはずです。定量データから解約率が上がった前後のサービス運営状況に着目し、サービス側で何かしらのトラブルがなかったかを定性データで調べましょう。サービス本体ではない、外部に理由があるケースもあります。

たとえば、ＥＣが一般化したことで宅配便の物流量が増加の一途をたどり、マンションの宅配ボックスがすぐにいっぱいになり、思うように荷物が受け取れないという問題が顕在化しています。

そこで宅配事業者と協力して、顧客が受取時間を設定できる機能や、コンビニなどで受け取れる仕組みをつくるといったロジスティクスの観点からも、解約防止策を講じることもできます。

パーソナライズで解約を防ぐ

一般的に、音楽や動画配信、ファッション、食品など、コンテンツや商品の数が多いサービスでは、レコメンド機能のパーソナライズを強化することで、解約を未然に防ぐことができます。

顧客は、「数が多すぎて選べない」「同じような商品ばかり」という状態にもストレスを感じてしまうため、顧客が使いやすいような工夫を設計しておくのがおすすめです。

あるファッションサブスクリプションでは、似たような服を3回送り続けると、解約されやすくなることがわかってきたそうです。最新のテクノロジーで会員の好みを分析しているはずなのですが、会員は「普段自分が選ばないような服を着てみたい」という隠れた心理ももっているのです。

パーソナライズといっても、利用データだけではわからない領域がある。顧客を理解するということは、本当に面白くて興味深いと思うエピソードです。

解約・再入会のハードルを下げる

解約率を下げることが肝ではありますが、とはいえ規則などによって防ぐのは良いこととは思えません。顧客がサービスを開始した初期の段階では、あえて「毎月解約できます」と案内しても良いのです。その代わり、解約時にはヒアリングやアンケートをお願いし、サービスの改善につなげるようにします。

また企業は、囲い込みができた顧客のことをロイヤル会員と考えがちですが、顧客はそんなことは思ってもいないものです。ふとした瞬間に、解約して競合サービスへ移ってしまうことは日常茶飯事です。

実際、相当長く利用していただいていたベテラン会員にある日突然、解約されてしまったことがありました。一体どんな重大な不満があったのだろうと思い、インタビューしたところ、「引っ越しをするためです」といわれて、拍子抜けした経験もあります。

このように、解約といってもさまざまな理由があるので、解約だけでなく、休止しやすい状態をつくっておくことも大切です。**解約しやすくて、再入会しやすい状態をつくるべき**でしょう。実際にベテラン会員の引っ越しによる退会があったサービスも、一時休止ができる期間をつくりました。

また、解約はサービス改善において非常に重要なヒントになることが多いことも見逃せません。

解約を防ぐために、わざと解約しにくいＵＩや契約条件にしておくのは最悪のパターンです。そのような水際作戦よりも、顧客にまた戻ってきたいと思われるようなブランドにすることのほうが大切ですよね。

見過ごされがちなカスタマーサポートの役割

カスタマーサポートはプロフィットセンター

解約率を下げるうえで、忘れてはならない存在があります。それは、カスタマーサポートです。

従来のカスタマーサポートは、商品を購入したあとの顧客対応が中心でしたから、売上に直結しないと考えられ、どちらかというとコストセンターとされている風潮がありました。

しかし、サブスクリプションでは、**カスタマーサポートは利益を生み出すプロフィットセンターになります。**顧客や会員から問合せを受けたとき、カスタマーサポートの行き届いた応対があれば、顧客はサービスを気に入ってくれ、使い続けてくれる可能性がぐっと高まりますよね。

つまり、解約を防ぐことに直結しているのです。また、同じようなクレームを立て続けに受けたとき、カスタマーサポートがそれを漏らさずにすくい取って、すぐさまチーム内で共有することができると、優先的に対処すべき改善点が明確になります。

サブスクリプションにおける顧客とのコミュニケーションは、オンラインであっても丁寧なコミュニケーションをとれると、ＬＴＶの伸長に大きな影響を与えます。

第１章で紹介した車の乗り換えができるノレルにも、オンライン上での対人の相談窓口を設けています。

解約した会員の声から「サービスは気に入っていたが、ノレルでなければならない理由がない」というこ

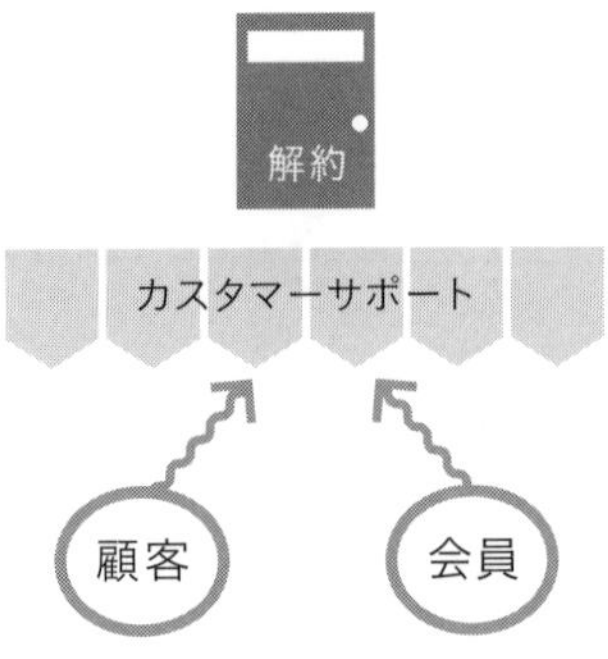

カスタマーサポートの役割

とがわかったのです。

そこで、カスタマーサポートを介した会員との接点をつくろうと、「NORELコンシェルジュデスク」を設置するに至りました。この窓口ができたことで、カスタマーサポートは会員の声を直接聞く機会だけでなく、「次はこんな車に乗りませんか」と提案できるようになり、LTVが伸びるようになったそうです。

セルフ解決やチャットボットを取り入れる

とはいえ、対人のカスタマーサポートを増やすには、それなりのコストや場所を必要とします。そこで、解約を未然に防ぐ方法として、まずは**顧客が自分で課題を解決できるセルフ解決の仕組みを取り入れる**ことをおすすめします。ウェブサイトやアプリに、問合せの多い質問と回答を掲載するのです。

メールで問い合わせたのにしばらく返事がなかったり、平日の昼間に電話をかけても混み合っていてなかなかつながらなかった、という経験はありませんか。こちらとしては速やかに解決したいのに、時間だけが浪費されているような気がしてイライラしますよね。

メール窓口や電話応対デスクを設けていたとしても、このような体験を顧客にさせてしまうと、かえって解約に結びついてしまいます。

スマートフォンを使いこなしている顧客は、困ったら検索して自分たちで解決策を探すことに比較的慣れています。

すぐに解決できる問合せ内容をまとめたセルフ解決の仕組みは、顧客、企業ともに大きなメリットになりますので、ぜひ取り入れていきましょう。

また、問合せに対して比較的早く対応できるチャットツールもおすすめです。チャットツールの中には、9時から18時を人間のオペレーターが対応し、営業時間以外はチャットボット（bot）が対応しているサービスもあります。

チャットボットで解決できなかった問題はストックされ、後日、オペレーターが個別に解決することもできます。

解約が顧客をよび込むという例外もある

この章の終わりに、解約にまつわるちょっと興味深いお話をしましょう。

最近、若い人たちを中心にクラウド型のデーティング・サブスクリプションサービスによる出会いが、一般化しつつあります。

日本・韓国・台湾で累計会員数1000万人を突破するサービスのペアーズ（Pairs）のゴールは、顧客の解約です。

「解約がゴール？」不思議ですよね。

でも、ペアーズの顧客の成功は、自分にぴったりな恋人ができること。つまり、解約したということは恋人ができたことを意味するのです。

ペアーズでは、恋人ができたうえでの解約を卒会とよんでいます。そして、この卒会した元会員を対象にペアーズ卒会者というコミュニティをつくり、交流会を開いたり、プロモーションに参加してもらったりしています。

この活動を見た人たちは、「ペアーズっていいな」と感じ、入会を検討するでしょう。解約によって会員数は減りますが、そのインパクト以上に顧客の成功が拡大し、**顧客が顧客をよぶサイクルがまわっている**のです。

顧客の解約が成功を意味するユニークなモデルですね。

まとめ

この章では、サブスクリプションのＫＰＩである「会員数」と「稼働率」を「林」の単位にして、具体的な打ち手を実行していく方法を紹介しました。

中でも、もっとも大切なことは解約率を下げることです。マーケティングの打ち手だけでなく、カスタマーサポートによるコミュニケーションや、顧客のセルフ解決を促す仕組みを設けて、解約を防ぎましょう。

もうみなさんは、サブスクリプションの事業もつくれますし、ＫＰＩとマーケティングの打ち手も知っています。あとは、お金まわりのことをつかめば、サブスクリプションのビジネスを走らせることができますね。

ということで、次の章では、いよいよサブスクリプションの事業計画の話をします。

第 5 章

サブスクリプションの事業計画を立てる

未来を映すサブスクリプションの事業計画

サブスクリプションの事業計画の話って、「どこかで一度出てきたような……」と思われたかもしれません。そうです。第3章でお話ししたＰＴＣＰＰ《プトクップ》のステップ4「事業計画を確定する」で簡単にふれました。

ペインを見つけ、トライアルで商品・サービス案を磨き、コアバリューをつくった次のステップです。

なぜ第3章ではなく、この第5章でお話しするかというと、第4章で見てきたサブスクリプションのＫＰＩを理解していないと、事業計画がうまく立てられないからです。

また、みなさんの中には、なんとなくサブスクリプションの事業の形はつくれているけれど、「果たしてビジネスとしてはうまくいっているのか？」「どのタイミングでより事業に投資すべきなのか？」というように迷っている方もいらっしゃると思います。

この章では、サブスクリプションの成長度合いを知る指標の話や、広告を投資するタイミングの話もします。みなさんの事業フェーズに合わせて、参考にしてください。

従来のPLではサブスクリプションの収益は表せない

まずは、サブスクリプションの事業はどのように計画するのかを知っておきましょう。

さっそく損益計算書（PL：profit and loss statement）のつくり方から始めたいところですが、**未来の売上を計上するサブスクリプションの事業計画書は、従来のPLとは異なります。**なぜなら、PLは過去の結果を算出しているからです。

一般的なPLは、**「収益」「費用」「利益」**が記載されています。

事業の収益から費用を差し引いて、残ったのが利益です。PLはそれぞれがいくら計上されたのかを一覧できる決算書として優

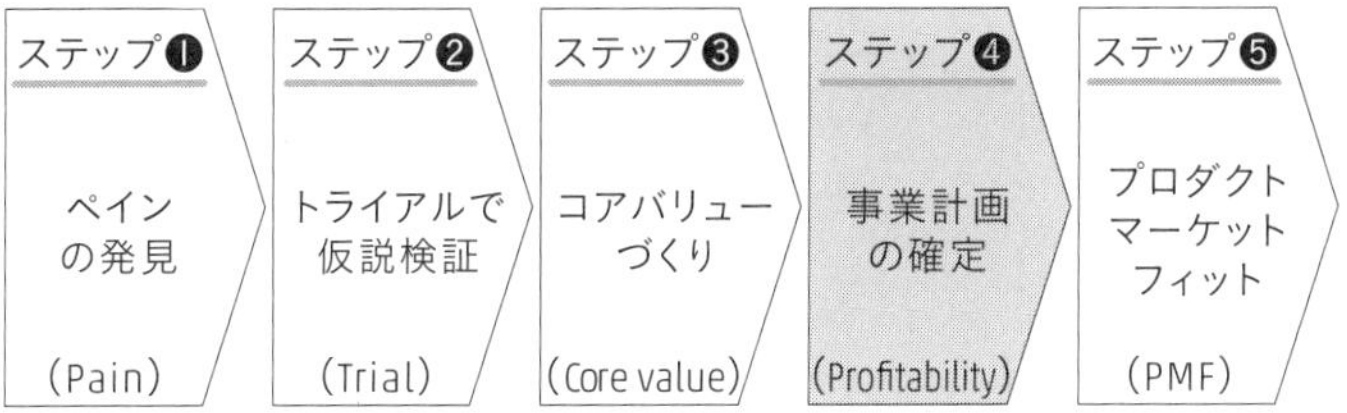

事業計画を立てるステップ

れていますが、すべて結果の数字です。

ある一定期間の過去の数字しか表せませんから、サブスクリプションが秘めている未来の収益を見ることができません。

たとえば、ファッションビジネスで1着1万円のコートが1か月で1000着売れたとします。このときの売上は1000万円です。売上原価や販売管理費などのコストが700万円だったとき、利益は1000万円－700万円で、プラス300万円となります。PL上は黒字ですね。

では、ファッションのサブスクリプションの場合はどうなるでしょうか。月額1万円のコースに入会した会員は、300名でした。すると、初月の売上は300万円です。コストが同様に700万円だと考えたとき、利益は300万円－700万円で、マイナス400万円となり、PL上は赤字になってしまいます。

しかし、サブスクリプションですから、今後一定の解約はあるものの、翌月以降も売上が見込めます。イメージしやすいように会員数を変えずに考えていくと、3か月目には売上が900万円、4か月目には1200万円と積み上がっていきます。

このようにサブスクリプションは、**未来の売上も見える形で事業の計画を立てる必要が**

あります。

もっとシンプルにいうと、ＰＬは今儲かっているのかどうかを見るものです。サブスクリプションを従来のＰＬで表したとき、儲かっていないように見えます。

でも実際は、翌月以降も顧客がいるので、仮に広告をやめても顧客は使い続けていて、先の利益が確保されている状態なのです。

サブスクリプションの事業計画の立て方

エクセルでつくるサブスクリプションの事業計画

では、実際にサブスクリプションの事業計画を立ててみましょう。ここではわかりやすさのために、架空のファッションレンタルのサブスクリプションを事例にして事業計画を理解していきたいと思います。なお、以後お示しするエクセルシートは、巻末に掲載したURLからダウンロードできますので、ぜひ活用してみてください。

この事例では、シンプルなサブスクリプションの形態で基本をおさえます。本来であれば、サービスの利用が定着すればするほど、会員単価が上がったり、稼働率が良くなったり、解約率が減少したりするのですが、これらは一定として説明します。

また、実際には季節要因などもあり、毎月の広告によるパフォーマンスが変化しますが、これもいったん除外して考えたいと思います。

それでは、1月に事業を始め、10月までの経過を示した事業計画表を見ていきましょう。本文の解説と関係している数字をグレーで網かけしています。

1月の時点では、500万円の広告費を投下して、

ファッションのサブスクリプション

月額　8,000円　　解約率　毎月5%

稼働率　80%（平均で5か月に1回休止される）

CPA（1か月のトライアル顧客獲得単価）　5,000円

1か月の顧客獲得数　1,000名　　転換率　30%

●コスト

広告費　500万円　　商品原価　（売上の30%）　　配送費　（売上の5%）

決済手数料　（売上の5%）　　その他販促費　（システム利用などの合計。売上の20%）

ファッションレンタルのサブスクリプション事例

1000名の顧客（1か月のトライアル）を獲得しました。転換率が30％なので、新規会員になったのは300名となります。

このときの売上は、合計会員数300名×顧客単価8000円×稼働率80％＝192万円となります。

一方コストは、商品原価（売上の30％を計上）、広告費、その他販促費（売上の20％を計上）、配送費（売上の5％を計上）、決済手数料（売上の5％を計上）を合計すると615万2千円となります。つまり**初月は、約423万円の赤字になることがわかりました。**

会員が増え、黒字になるまで

では、2月も同様に広告費を500万円使って、1000名の顧客（1か月のトライアル）を獲得し、そのうち300名が新規会員になったとすると、どうなるでしょうか。

新規会員数は変わらないのですが、前月から解約する会員が5％いたとしても、95％の会員が継続して利用するので、合計会員数は、継続会員300名×95％＋新規会員300名＝585名になります。

3月も同様の場合、合計会員数は継続会員585名×95%＋新規会員300名＝856名となります。

こうして会員数が積み上がっていくので、1月では423万円の赤字だった計画が、同じように新規会員を増やしていっても、2月には約350万円、3月には281万円と赤字幅が小さくなり、**8月の時点で単月では約17万円の黒字となります。**

このように、1月の時点では500万円の広告を出稿して、売上が192万円しかないとPL上

5月	6月	7月	8月	9月	10月
¥5,000	¥5,000	¥5,000	¥5,000	¥5,000	¥5,000
1,000	1,000	1,000	1,000	1,000	1,000
30%	30%	30%	30%	30%	30%
300	300	300	300	300	300
1,357	1,589	1,810	2,019	2,219	2,408
¥8,000	¥8,000	¥8,000	¥8,000	¥8,000	¥8,000
80%	80%	80%	80%	80%	80%
¥8,686,812	¥10,172,471	¥11,583,848	¥12,924,655	¥14,198,423	¥15,408,502
5%	5%	5%	5%	5%	5%
68	79	90	101	111	120
¥2,606,044	¥3,051,741	¥3,475,154	¥3,877,397	¥4,259,527	¥4,622,550
¥5,000,000	¥5,000,000	¥5,000,000	¥5,000,000	¥5,000,000	¥5,000,000
¥1,737,362	¥2,034,494	¥2,316,770	¥2,584,931	¥2,839,685	¥3,081,700
¥434,341	¥508,624	¥579,192	¥646,233	¥709,921	¥770,425
¥434,341	¥508,624	¥579,192	¥646,233	¥709,921	¥770,425
¥10,212,087	¥11,103,483	¥11,950,309	¥12,754,793	¥13,519,054	¥14,245,101
-¥1,525,275	-¥931,011	-¥366,461	¥169,862	¥679,369	¥1,163,401

は赤字に見えますが、継続する会員を増やしていけば、8か月後には黒字になります。

ここで肝となるのは、売上に関与するサービスの単価、解約率、稼働率、転換率という変数と、費用として計上する商品原価、その他販促費、配送費、決済手数料、販促費に加えて、広告費から算出する顧客獲得単価（CPA）、会員獲得単価（CPO）という変数です。

これらの変数をどのように試算するか、事業を進めるうえでまず取り組まなければいけないものは

	1月	2月	3月	4月
CPA	¥5,000	¥5,000	¥5,000	¥5,000
顧客数	1,000	1,000	1,000	1,000
転換率	30%	30%	30%	30%
新規会員数	300	300	300	300
合計会員数	300	585	856	1,113
顧客単価	¥8,000	¥8,000	¥8,000	¥8,000
稼働率	80%	80%	80%	80%
売上合計	¥1,920,000	¥3,744,000	¥5,476,800	¥7,122,960
解約率	5%	5%	5%	5%
解約者数	15	29	43	56
商品原価	¥576,000	¥1,123,200	¥1,643,040	¥2,136,888
広告費	¥5,000,000	¥5,000,000	¥5,000,000	¥5,000,000
その他販促費	¥384,000	¥748,800	¥1,095,360	¥1,424,592
配送費	¥96,000	¥187,200	¥273,840	¥356,148
決済手数料	¥96,000	¥187,200	¥273,840	¥356,148
コスト合計	¥6,152,000	¥7,246,400	¥8,286,080	¥9,273,776
利益	-¥4,232,000	-¥3,502,400	-¥2,809,280	-¥2,150,816

サブスクリプションの事業計画作成例

どれか、といったことを理解することが大切です。

また実際には、さきほど説明したとおり、会員が長期的に継続するに従って稼働率や解約率が変化します。

事業計画は精緻に立てた方がよいので、会員の利用期間ごとに「新規」「中堅」「ベテラン」などと区分して計算していきます。

毎月利用が発生するサブスクリプションの場合はとっかかりとして、顧客から会員に転換してから6か月以内の会員を新規、6か月を超えて1年以内の会員を中堅、1年を超えて利用している会員をベテランと定義するとよいでしょう。

クラウド型サブスクリプションの場合は、稼働率が高い分、新規を3か月以内と定義しても構いません。

以上が基本的な考え方となります。これを参考に、みなさんの事業に当てはめてみてください。

ここで、通常の販売方法の利益とサブスクリプションの利益を模式的にグラフにしてみます。通常の販売方法は一度利益が上がったと思っても、すぐにマイナスに落ち込むことがあったりと、浮き沈みが激しいことがあります。

一方サブスクリプションは、**サービスをスタートしてから黒字になるまで、しばらくはマイナスにへこんでいる時期が続く**ことになります。この時期が、サービスを改善し顧客の成功を実現する時期にあたります。

やがて、一度黒字に転じると、堅調な伸びを見せていきます。

注目してほしいのは、サブスクリプションの利益の曲線がY軸（利益）の0を超えたときです。

ここが、**LTVがCPOを超えたタイミング**です。このときに初めて、広告に投資し積極的に新規会員を獲得する準備ができたと考えます。

広告の出稿による事業の拡大について、もう少しくわしく見ていきましょう。

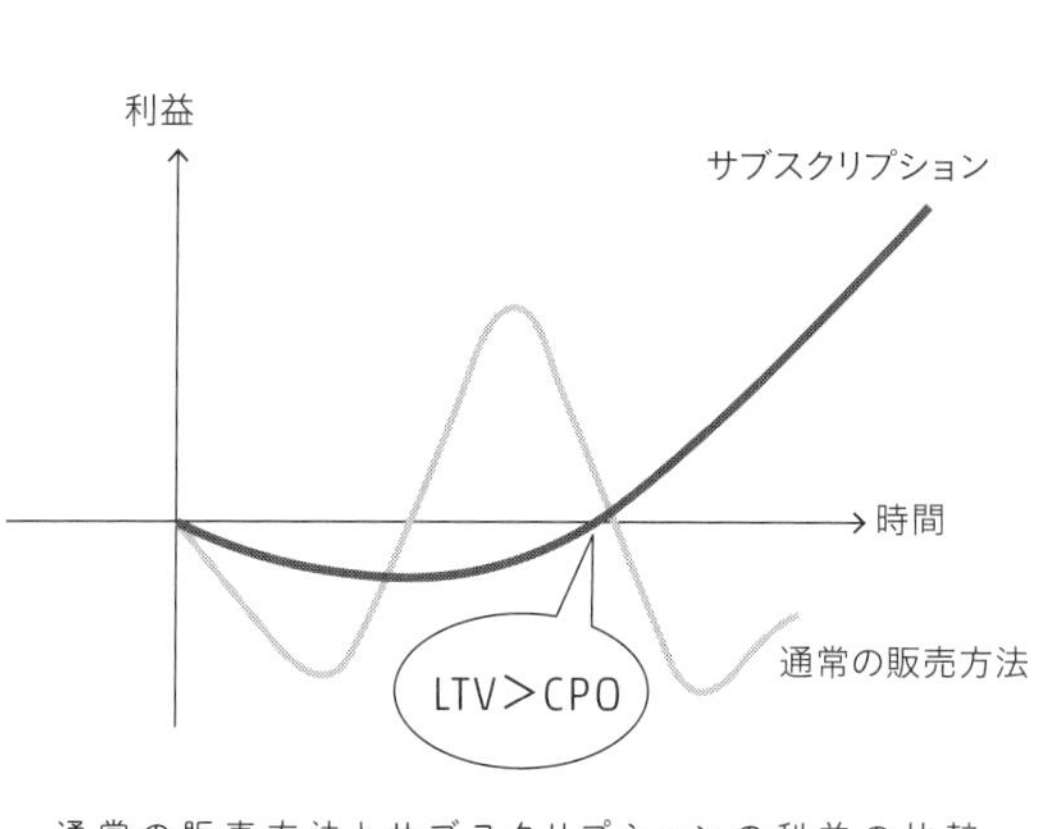

通常の販売方法とサブスクリプションの利益の比較

広告費はどのように計算するのか

顧客獲得の広告費はＬＴＶから算出する

サブスクリプションに関する相談をよく受けるのですが、中でも新規顧客を獲得するための広告を出すとき「ＣＰＯはいくらが良いでしょうか？」という質問をよくいただきます。

売ることがゴールのマーケティングでは、なんとなく「広告費は売上の○％」と企業によって異なる固定の割合とされてきました。

なので、ＬＴＶを伸ばし続けるサブスクリプションのマーケティングでは、単純に売上の何％が広告費なのかがわからないのだと思います。

そもそもですが、「広告費は売上の○%」と固定して考えるのが正しくないのです。商品ができて「売上目標金額が20億円だから、広告費は10%の2億円です」というように、なんとなく広告費を決める習慣のある企業は少なくありません。

本当は、サブスクリプションであるかないかにかかわらず、いつまでに広告投資を回収できるかを考えたうえで、広告費を考えたほうがいいんです。

サブスクリプションの広告費で参考にする数値は、CPOではなくLTVです。もちろんサービスの初期は、ある程度の新規顧客を獲得するために広告を出します。

しかし、**積極的に広告に投資して新規顧客を増やすタイミングは、LTVが伸びてCPOを回収できる見込みが見えたとき**なのです。そして、投資した広告費を何か月で回収できるかを考えたうえで、CPOを算出します。

LTVは会社によって定義が変わります。通販だと、年間の購入金額（売上）をLTVとして設定している企業が多いかもしれませんね。でもこれは、間違った考え方です。プロモーションコストだけでなく、商品原価やキャンペーンなどによる割引もありますから、LTVは売上で見ないほうがいいですね。

ではLTVはどのように算出すればよいのでしょうか。

LTVを試算する

LTVの試算方法も引き続き、さきほどの例で説明します。ここでは、1月のみ広告を実施して、300名の会員が増えた以外、翌月以降は一切会員が増えない場合を想定しました。

この表の一番下に累積利益をのせています。これは毎月の利益を加算していった数字です。1月以降の動きを見てもらうと、8月には累積で約14万円の利益になっています。

5月	6月	7月	8月	9月	10月
―	―	―	―	―	―
―	―	―	―	―	―
―	―	―	―	―	―
0	0	0	0	0	0
243	230	218	207	196	186
¥8,000	¥8,000	¥8,000	¥8,000	¥8,000	¥8,000
80%	80%	80%	80%	80%	80%
¥1,555,200	¥1,472,000	¥1,395,200	¥1,324,800	¥1,254,400	¥1,190,400
5%	5%	5%	5%	5%	5%
13	12	11	11	10	10
¥466,560	¥441,600	¥418,560	¥397,440	¥376,320	¥357,120
¥0	¥0	¥0	¥0	¥0	¥0
¥311,040	¥294,400	¥279,040	¥264,960	¥250,880	¥238,080
¥77,760	¥73,600	¥69,760	¥66,240	¥62,720	¥59,520
¥77,760	¥73,600	¥69,760	¥66,240	¥62,720	¥59,520
¥933,120	¥883,200	¥837,120	¥794,880	¥752,640	¥714,240
¥622,080	¥588,800	¥558,080	¥529,920	¥501,760	¥476,160
-¥1,533,760	-¥944,960	-¥386,880	¥143,040	¥644,800	¥1,120,960

つまり、1月に出稿した広告費（CPA＝500万円÷1000名＝5000円。CPO＝5000万円÷300名＝16666円）は8か月目で回収したことになり、9か月目以降はすべて累積で利益となることを意味します。

では、CPA＝5000円（CPO＝16666円）とあらかじめ据え置くのではなく、事業としてみたとき、いくらまでなら投資できるかを考えてみましょう。さきほど説明したとおり、

LTVがCPOを超えていれば、キャッシュフローが続く限りその

	1月	2月	3月	4月
CPA	¥5,000	―	―	―
顧客数	1,000	―	―	―
転換率	30%	―	―	―
新規会員数	300	0	0	0
合計会員数	300	285	270	256
顧客単価	¥8,000	¥8,000	¥8,000	¥8,000
稼働率	80%	80%	80%	80%
売上合計	¥1,920,000	¥1,824,000	¥1,728,000	¥1,638,400
解約率	5%	5%	5%	5%
解約者数	15	15	14	13
商品原価	¥576,000	¥547,200	¥518,400	¥491,520
広告費	¥5,000,000	¥0	¥0	¥0
その他販促費	¥384,000	¥364,800	¥345,600	¥327,680
配送費	¥96,000	¥91,200	¥86,400	¥81,920
決済手数料	¥96,000	¥91,200	¥86,400	¥81,920
コスト合計	¥6,152,000	¥1,094,400	¥1,036,800	¥983,040
利益	-¥4,232,000	¥729,600	¥691,200	¥655,360
累積利益	-¥4,232,000	-¥3,502,400	-¥2,811,200	-¥2,155,840

LTVの試算方法例

事業は利益を生み出すことができます。

この300名の会員のLTVはいくらでしょうか。解約率を5%とした場合、300名の会員が0名になるタイミングを計算すると、66か月後、つまり5年半後になります。なお、解約者数は小数点以下を切り上げています。

この会員が0名になるまでにもたらす利益は合計で約875万円となり、1000名獲得した顧客数で割り戻すと、1名あたり約8万7千円、300名の会員数で割り戻すと約2万9千円となります。

つまり、会員1名あたりのLTVは約2万9千円になるので、会員1名を獲得するためにかけられる上限のCPOも約2万9千円（これだと利益がゼロですが）だということがわかります。

LTVを伸ばすことは解約率を下げること

さきほどの例では解約率を5%としましたが、すでにサブスクリプションをやっているのであれば、過去の実績を参考にします。第4章までに紹介してきたマーケティングの打ち手を実践しているうちに、みなさんの事業のリアルな解約率がわかってくると思います。初期に仮置きしていた解約率を実際の数値に置き換えて、事業計画の精度を高めていきましょう。

サブスクリプションを初めてやろうという場合は、同業種の解約率を調べてきて仮置きします。さらに、解約率からLTVとCPOのあたりをつけることができます。

まずは、解約率を毎週、毎月と追っていきます。すると、契約をスタートした当初は解約率が高く、その後契約期間が伸びるほど少しずつ下がっていくことに気づくと思います。

解約率は顧客の継続期間だけでなく、会員の入会時の手法や入会したあとの顧客体験によって変化します。ですので、解約率は全体で見るのではなく、入会時での手法や会員になってからの継続期間別で見ていくのですが、解約率が下がると、当然広告にかけた費用は早く回収できることになります。

仮にCPOが1万円で新規会員を獲得して12か月で広告費を回収していたところ、解約率が下がり6か月で回収できるようになった場合、CPOとして広告費にかけられる費用は2倍にすることができるといえます。

このようにして**LTVやCPOの設定方法がわかると、解約率を下げることがいかに**

重要なマーケティングの打ち手であるかがわかると思います。

たとえば利益回収まで6か月だという見通しが立っていればまだよいですが、事業によっては利益回収が数年単位という場合もあります。会社に体力があり、息の長い商品・サービスであれば数年かけてもよいでしょう。でも多くの場合、投資回収期間を短くすることに努めます。

回収に時間がかかるほど、新規顧客獲得の広告費はかけられなくなります。だから、まずは解約率を下げて顧客のＬＴＶを伸ばしていかないと、事業に投資できなくなるんです。**解約率が高いということは、そのサービスが継続的に使われていないことを意味します。**１週間に1％の解約があったとき、何もしなければ1年間で約41％も解約してしまう（継続会員は99％の52乗＝約59％となる）ことになります。

この状態で、再び新規会員を増やしても継続会員として定着しません。バケツに穴が空いていることを知らずに、必死に蛇口をひねってどんどん水を注いでいるようなものですね。

サブスクリプションでＬＴＶを伸ばすことは、すなわち解約率を下げることであると覚えておいてください。

まとめ

この章では、サブスクリプションの事業計画の立て方をお話ししました。これは、サブスクリプションの事業をつくるＰＴＣＰＰの「ステップ４：事業計画の確定」に大きく関わる内容でした。

サブスクリプションはまず、赤字の状態からスタートします。サービスの改善を繰り返し、ＬＴＶを伸ばしていくと、ＣＰＯを回収できる時期が見え始め、黒字化します。早く黒字化するには、解約率を下げて利益回収する期間を短くしなければなりません。

サブスクリプションで、なぜ解約率を下げる打ち手が重要なのか、ご理解いただけたと思います。

さて、事業計画を立てられるようになったので、あとは実施するのみです。当たり前ですが、サブスクリプションは一人ではできません。顧客の成功にはチームによる伴走が不可欠です。

次の章では、サブスクリプションに適した顧客を中心に考える組織についてお話しします。

第6章

顧客中心の組織をつくる

従来型組織とサブスクリプション型組織の違い

従来型組織ではサブスクリプションは難しいか

サブスクリプションの話もクライマックスになってきました。この章では、売上の壁を超えるには欠かせないサブスクリプションを成長させる組織づくりについてお話しします。

これまでの話からわかるように、サブスクリプション・マーケティングは、マーケティングチームだけでは対応できません。

ＬＴＶを伸ばすために、顧客と丁寧なコミュニケーションをとりながら、商品・サービスを改善し続け、顧客の成功に伴走します。そうすると、必然的に商品開発や営業、カスタマーサポートなどの他部署と関わることが増えてきます。

従来型の組織は、大量生産・大量消費を前提としたトップダウンモデルでした。企業によって違いはあると思いますが、経営層が予算と販売目標数を決定し、それに伴う業務が組織下部へと流れてくる。

リサーチと研究、開発を担う商品開発、広告とPRを担うマーケティング、販売戦略とコミュニケーションを担う営業があって、間に顧客をはさみ、販売後はカスタマーサポートが顧客対応をするというように、役割が分かれていたと思います。

このような組織体制は「モノを売る」ことに特化しています。でも、部署ごとに独立し

従来型の組織体制

た目標があるため、**目標が共有できない他部署とは、そもそも連携が難しい**体制となっています。

また、LTVを伸ばすための課題や顧客が離脱する原因が明らかになり、商品・サービスの変更が求められたとしても、従来型の組織では、「もう実装段階なので、今さら変更は無理です……」となってしまいがちです。

顧客からすれば、改善がなされないものは使いたくありません。3か月経っても改善されずにそのままのサービスは、使うのをやめてしまいますよね。

つまり、従来の一般的な**縦割りの組織体制では、サブスクリプションを成長させる打ち手が実行しづらい**のです。

サブスクリプション型組織は円形

一方、サブスクリプション型の組織は、顧客を中心に据えた円形の組織体制を敷きます。真ん中に顧客が立ち、そのまわりをぐるりとサービス進化、商品開発、マーケティング、営業、カスタマーサポートといった各部署が囲む、円い形をイメージすると良いでしょう。これをカスタマーセントリックとよびます。

またサブスクリプション型組織では、求められる職種のスキルも異なってきます。

第4章でお話ししましたように、カスタマーサポートは解約を最前線で食い止めるプロフィットセンターです。

そうすると、顧客とのコミュニケーションスキルも従来のカスタマーサポートで求められるそれとは、異なるものになります。

顧客の声を傾聴する姿勢は従来のカスタマーサポートの仕事と変わりませんが、顧客のそのときの課題を単に解決す

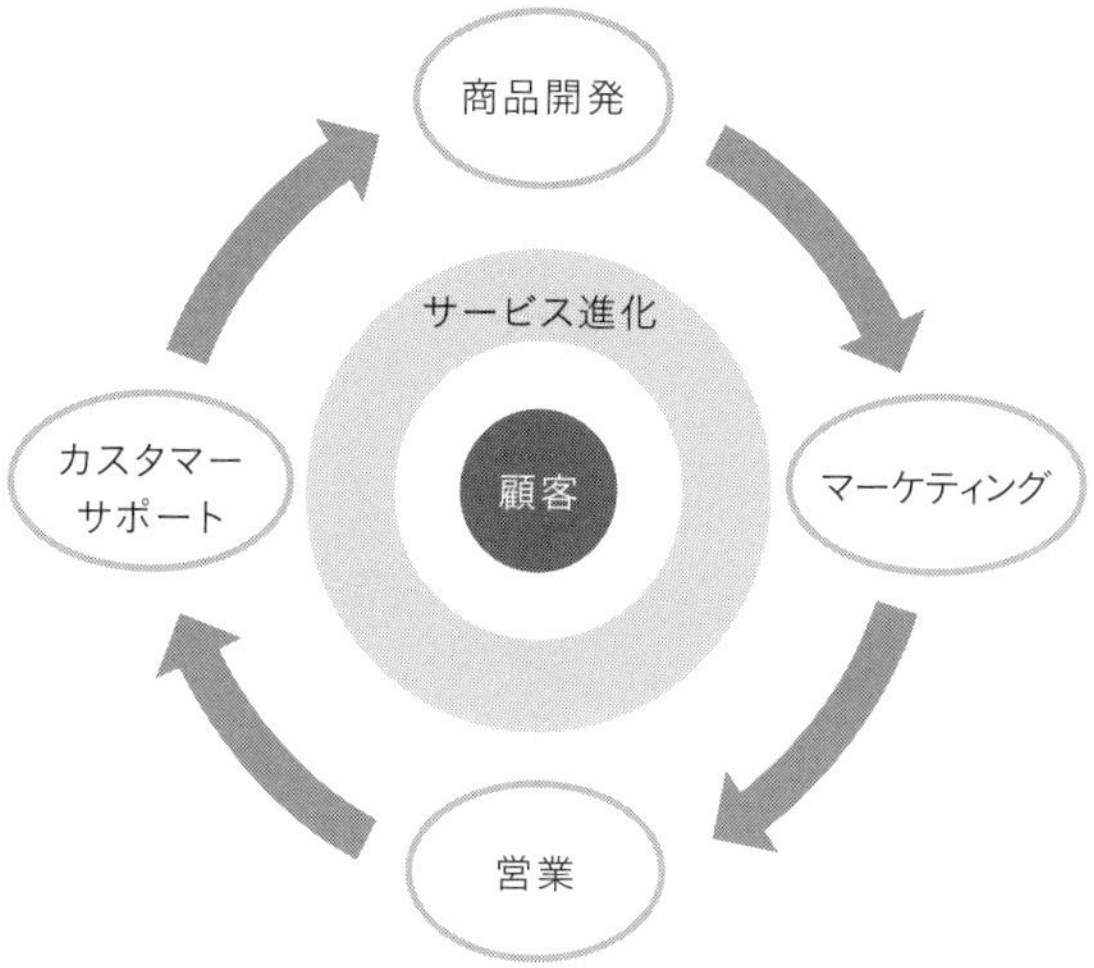

サブスクリプション型組織

るだけでなく、顧客がまだ気づいていない課題を発見することが求められます。顧客の隠れた心理を探り、顧客の求めている成功は何なのかを考えます。

場合によっては、他社のサービスを使った方が顧客は嬉しいかもしれません。そのときは素直に案内しつつも、いつでも自社のサービスに戻ってこられることもお伝えできると良いでしょう。

また、マーケターと同じくらいに業務の内容が変わるのは、営業です。旧来の営業は売るまでが仕事でした。一方、**サブスクリプションの営業は売ってからが勝負です**。

とくにBtoBのクラウド型サブスクリプションの営業は、導入後の使い方の支援はもちろん、使い勝手の調査や改善、他部署への展開や関連サービスの提案、時には仕事の仕組みの見直しまでにも関わったりと、徹底的に顧客の成功に伴走します。これらの業務は、**カスタマーサクセスとよばれる領域**です。

さらにマーケティングと営業は、顧客のLTVを伸ばし続ける目標を共有します。顧客獲得からサービスの定着までをマーケティングが、それ以降の顧客との関係づくりをカスタマーサクセスとして営業が担うと良いでしょう。

各部署のプロをつなぐサービス進化チーム

サブスクリプション型の組織に求められるカスタマーセントリックな体制には、現場と経営を含む各部署をつなぐ役割が必要です。なぜなら、既存の組織には、すべての部署が互いに関わり合い、柔軟かつスピーディに顧客の成功を目指して動き続けるチームが存在しないからです。

この組織を円滑に動かしていく要が、第3章でも登場したサービス進化とよばれるチームです。

それぞれの部署にいるプロフェッショナルを横断的につないだサービス進化チームは、商品・サービスの開発もすれば、改善も行い、カスタマーサポートの声も拾います。そして、継続的に顧客の成功に貢献し続けるために、サービス全体の方向性とその成長を引っ張っていくのです。

サービス進化チームの役割は、**「顧客を中心として、部署間を横断的につなぐ」「サービスの成長をけん引し、新事業を生む」**の2つに大別できます。

それぞれ見ていきましょう。

顧客を中心として、部署間を横断的につなぐ

サブスクリプションの課題は、すべての部署に関係することが多いものです。

たとえば、あるサービスの解約率が下がり続けていたとします。この原因を探ると、商品を届ける箱に不備が続いていたからだとわかりました。このとき関わる部署は、カスタマーサポートや物流担当、外部パートナーの窓口担当、場合によっては商品担当も含みます。

これだけの部署があると、どこの部署が主体となって課題に取

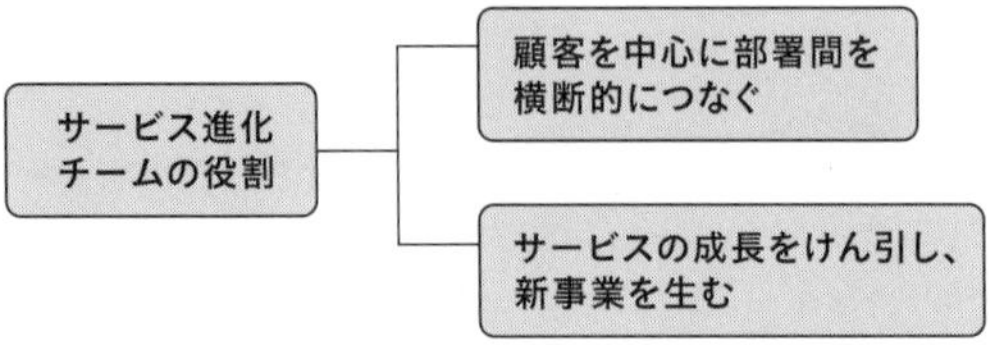

サブスクリプション型組織の要であるサービス進化チーム

り組むかが難しく、スピーディな対応がしづらいですよね。

また、マーケティングに課題が見つかったとき、従来の組織であればマーケティングの部署のメンバーで課題の解決にあたります。すると、その課題解決に的が絞られてしまいがちですが、それでは、サービス全体の最適化と成長の方向性まではサポートできません。

そのようなとき、サービス進化のチームは、**各部署から最適なメンバーをアサイン**して動いていきます。サービス進化チームがサービスの全体を見ながら最適化をはかり、どうやって改善につなげていくかの道筋を立てていくのです。

たとえば、商品のクオリティを底上げしていくときは、商品開発のメンバーだけでなく、データサイエンティストもサービス進化チームに入ります。

商品に強い人、リサーチに強い人、データに強い人、事業計画に強い人など課題解決に最適なメンバーをそのときの課題に応じて自由にアサインすることで、サービス全体のあらゆる課題と向き合います。そして課題が解決されたら解散し、また新たなチームをつくるサイクルで動きます。

ちなみにサービス進化チームは、売上をもっていません。その代わり、課題に応じて独立したＫＰＩをもちながら、他のチームと連動していきます。

サービスの成長をけん引し、新事業を生む

どうでしょう。はじめは「なんだ？」と思われたであろうサービス進化チームですが、次第に興味が湧いてきませんか？

サービス進化チームはさらに、**サブスクリプションの成長の兆しを見つけて育てる**役割ももちます。

たとえば、ほとんど売れていない新商品Bに熱狂的なファンがいるとします。普通に考えると、この新商品Bは早いうちに売るのをやめようとなりますよね。

でも、ファンの並々ならぬ熱意を感じて「もしかすると、ヒットするかもしれない」と考えて、サービス進化チームが立ち上がります。そして、商品開発チームと連動しながら、新商品Bを改善していくのです。

第3章でお話ししたサブスクリプションの事業をつくるPTCPPの5つのステップでいうと、ステップ1から3に相当します。

このとき、改善の手段にはPDCAが用いられます。PDCAは、目の前の課題を改

善するには適した手法です。その分、どうしても短期的な視点に留まってしまいがちで、サービス全体に向けた目配りは難しいものです。

サブスクリプションを成長させる理想的なＰＤＣＡは、顧客自身の成功を拡大しつつ、そのまわりにいる関係部署のレベルも高めていくことです。

足元ではなく一歩先を見て動くには、業務改善のＰＤＣＡの輪を広げていく役目が必要です。サービス進化チームはこうした役割も担います。

もし、サービス進化チームがなかったらどうでしょうか？　きっと、サービスの改善はできるけれども、次の成長への一歩が踏み出せずに、代わり映えのない事業が続くだけになっているかもしれません。

アマゾンプライム・ビデオも、初期は同業他社と同じようなコンテンツを仕入れていました。そこから、データ分析をしてレコメンドエンジンの仕組みをつくったり、オリジナルコンテンツを制作したりと、他のサービスとの差別化に力を入れています。

これらのサービス拡大をひっぱっていたのが、おそらくサービス進化のような役割をもつチームでしょう。

サービス進化チームは、次の新しいビジネスとなりうる小さな芽を見つけて、他の部署と連動しながらサービスを育てていきます。**うまくいかないことがあっても、中途半端な状態でやめない、根気のいる仕事**です。

また、新規事業を開発するとき、多くの企業は新規事業開発チームのような独立した新しい部署を立ち上げがちですよね。

経営からトップダウンでチームを編成して進めたり、何か新しいビジネスはないかと市場調査をして企画を考えるなど、メインのビジネスとは違うところでスタートすることがあったと思います。

サブスクリプションの素晴らしさは、今あるビジネスアセットを使ったり、課題や改善を足がかりに事業を広げたり、新規事業の芽を見つけられるところです。

その芽を見つけて動き出すサービス進化チームは、あらゆる部署と関わりながら新規事業を育てていくので、既存の事業と地続きになりやすく、誰もが自分ごととして事業の成長に関わることができます。

このようにサービス進化チームの存在は、サブスクリプションの成長を促すうえで欠かせないのです。

もちろん、組織の型を変えればサブスクリプションがすぐにうまくいくわけではありません。

しかし、**組織の型を変えない限りサブスクリプションはできない**のです。

組織の全員がマーケターであってほしい

このように、顧客を中心に据えるサブスクリプション型の組織では、各自が割り当てられた仕事の枠内で業務を完結させるのではなく、みんなで商品やサービスをつくっていくのだと自覚する必要があります。

すると、すべてのチームでマーケティングの視点と思考が必要になってきます。**サブスクリプションに関わる全員が、マーケターであることが理想なのです。**

そのためには、全員がデジタルマーケティングの基礎を理解しておく必要があります。グローバルビジネスをするうえで英語が共通言語となっているように、デジタルマーケティングを誰もが使えるようになっていることが、カスタマーセントリックな組織には欠かせなくなるでしょう。

組織とブランディングの幸せな関係

サブスクリプションのブランドとは

サブスクリプション型の組織をつくることができたとしても、組織の全員がマーケターの思考をもち合わせたとしても、実は画竜点睛を欠いているんです。何が足りないかというと、「ブランド」です。

顧客が商品・サービスを買うのではなく、利用するサブスクリプションにおいて、私は**顧客の成功体験そのものがブランドである**、と位置づけています。

使い続けることで商品・サービスに愛着を感じた顧客は、それがない暮らしを手放すことが難しくなります。私が大好きなスポティファイで新しい音楽や懐かしい音楽に出会った体験をすると、「何百万曲聴き放題」という同じようなサービスに出会ったとしても、簡単には乗り換えることはないと思います。

私が所属するオイシックスにブランドを感じてくれている人たちは、商品一つひとつの価値もそうですが、「オイシックスを使って生活が変わった」といってくださるお客様が多く、そのためにはウェブサイトのデザインや使いやすさ、商品そのもの、顧客サポートすべてを含めて、価値を感じていただいているのではないかと思います。

すなわち、**サブスクリプションにおけるブランディング活動とは、企業からの一方的な発信だけでなく、商品・サービスの体験やその企業で働く人とのやりとりなど、顧客と企業のすべての接点にあります。**

そのために、まずはビジネスに関わる全員が、自社の提供する価値を理解して、顧客の成功を意識した行動ができるようにならなければいけません。

インナーブランディングの重要性

一般的にブランディングといえば、企業が顧客に対して行うアウターブランディングのことを指します。一方で、企業が社員に対して行う自社ブランドの価値を理解するための活動をインナーブランディングとよびます。サブスクリプションでブランドを構築するためには、この**インナーブランディングが非常に重要**になります。

オイシックスでは2016年に創業以来はじめて、ブランドロゴを一新しました。野菜で笑顔があふれる食卓を提供できるようにと、「野菜の家」をテーマにしたロゴマークです。

大手企業などでは、ブランドのロゴが変わったりした場合、テレビCMや新聞の広告などで「私たちはこう変わりました」というようなアウターブランディングを行う場合が多いと思います。オイシックスでは外に向けた積極的な発信は行わず、社内で「オイシックスらしいって何だろう」と改めて自社のことを考え直したり、理解を深めるワークショップを重ねてきました。

この活動は今でも、実際に使っていただいているお客様を会社に招いてみんなで話を聞いたり、生産者のもとに行って一日農業体験をするなど、継続しています。

トップダウンでブランドをつくるのではなく、**社員一人ひとりがブランドをつくっている**と思うのです。

まとめ

この章では、サブスクリプションを成長させる組織体制についてお話ししました。はっきりいってしまうと、変化に対応できない組織ではサブスクリプションはうまくいかない。顧客を中心に、すべての部署がなめらかにつながる組織で、事業を回し続けていく必要があります。

このようなカスタマーセントリックな組織では、LTVを伸ばしていくという目標を共有します。営業も売るまでが仕事ではなく、契約後の顧客を成功に導く支援をするカスタマーサクセスの業務にシフトします。

カスタマーサポートも、サービス改善につながる顧客の声を最前線で受けとめ、解約率を下げる働きが求められます。すると、サブスクリプションに関わる全員が、マーケティングの視点と知識を求められるようになります。

また、サブスクリプションを拡大させていく役割として、サービス進化チームをつくりましょう。サービス進化チームには、部署を超えて対応すべき課題に適したメンバーをアサインします。

さらに、サブスクリプションにおけるインナーブランディングの重要性もお伝えしました。

さて、次は終章としてサブスクリプションで売上の壁を超える方法のまとめと、これからのマーケティングについてお話しします。

終　章

サブスクリプションと
これからのマーケティング

サブスクリプションがベストか

本書では、サブスクリプションをマーケティングの捉え直しであると考え、サブスクリプションの事業のつくり方、KPI、事業計画の立て方、組織体制についてお話ししてきました。デジタルマーケティングが登場し、企業は以前よりもずっと顧客とのつながりをつくり、深めることができるようになりました。

IoTやAIなどのテクノロジーを用いて得られる定量データと顧客アンケートやインタビューから得られる定性データを分析し、サブスクリプションの商品・サービスの改善を繰り返します。

すると、顧客は商品・サービスから新たな体験を得て、成功を重ねていく。顧客の支持と比例して、商品・サービスもどんどん価値を上げていきます。

次第に顧客は、商品・サービスへの愛着が深まり、いつしかサブスクリプションが提案する暮らしを選ぶようになります。

そこには、顧客と企業が共創したかけがえのない暮らしがあります。

このようにサブスクリプションは、顧客の成功を願う企業が顧客体験の向上を追求していく中で見出した、顧客との1つの付き合い方です。

つまり、**サブスクリプションは目的ではなく、手段**なのです。

みなさんの企業が提供する価値と顧客との関係性それぞれに照らし合わせて、顧客とのベストなつながり方を考えてみてください。

もしかしたら、ベストな選択はサブスクリプションではないかもしれません。それでも良いのです。

サブスクリプションで売上の壁を超える5つのポイント

顧客との関係の築き方を考えた結果、サブスクリプションに挑戦してみる、あるいは引き続きサブスクリプションで頑張ると決めた方のために、本書でお話ししてきたことをあらためてまとめておきたいと思います。

ポイント1：LTVを伸ばすマーケティングをする

サブスクリプションは、毎月定額で使い放題のサービスではありません。顧客の「商品やサービスを使い続けたい気持ちづくり」が、サブスクリプションの本質です。

ですから、サブスクリプション・マーケティングでは、データを活用してLTVを伸ばしていきます。そのためには、顧客の成功が欠かせません。

商品・サービスを実際に利用して体験してもらい、フィードバックを受けて改善を繰り返すことで、顧客

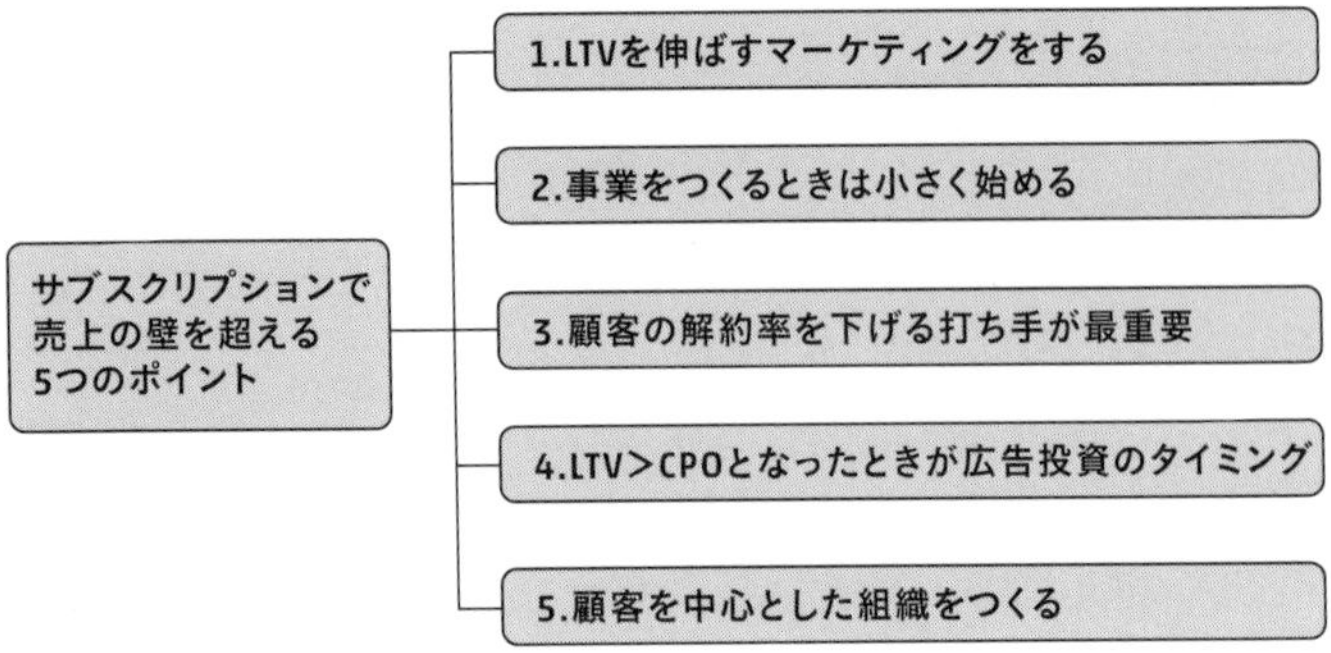

サブスクリプションで
売上の壁を超える
5つのポイント
1.LTVを伸ばすマーケティングをする
2.事業をつくるときは小さく始める
3.顧客の解約率を下げる打ち手が最重要
4.LTV>CPOとなったときが広告投資のタイミング
5.顧客を中心とした組織をつくる

サブスクリプションで売上の壁を超える5つのポイント

の成功をつくります。顧客と一緒に商品・サービスを成長させていく共創が、サブスクリプションの面白いところです。

ポイント2：事業をつくるときは小さく始める

サブスクリプションのモデルは「クラウド型」「シェアリング型」「予約購買・利用型」の3つに分けられます。

サブスクリプションの事業づくりのポイントは、小さく始め、顧客の声を聞き、改善しながら少しずつ事業を拡大していくところです。そのフレームワークがPTCPPです。

このときのチェックポイントは、「顧客に暮らしを提案できているか」「顧客の成功体験をアップデートできているか」の大きく2つの観点となります。

ポイント3：顧客の解約率を下げる打ち手が最重要

サブスクリプションでもっとも重要な打ち手は、顧客の解約率を下げ、商品・サービスへの定着を高めることです。

顧客が解約をするときの理由はさまざまですが、利用期間に応じて、顧客を新規・中堅・ベテランの3層に分けると、その理由が見えてきやすくなります。

また、カスタマーサポートによる顧客対応にも、目を向けましょう。サブスクリプションにおけるカスタマーサポートは、単に顧客からの意見やクレームを受け付けるのではなく、商品・サービスをより良く使ってもらう提案を行い、最前線で解約を防ぐ大切な役割を果たします。

ポイント4：LTVがCPOを超えたときが広告投資のタイミング

過去の結果を表す従来の損益計算書（PL）では、サブスクリプションの収益を表すことができません。

未来の収益と成長も見据えた事業計画を立てることで、サブスクリプション事業の本当の姿が見えてきます。

サブスクリプションは初期投資が多い分、しばらくの間は収益がマイナスの状態が続きます。この期間をいかに早く脱し、収益をプラスに転じることができるかが、事業成長のカギとなります。

解約率が下げ止まり、LTVがCPOを超えたときが、事業を大きく成長させる広告投資を行うタイミングです。

ポイント5：顧客を中心とした組織をつくる

サブスクリプションでは、営業やカスタマーサポート、商品開発やマーケティングなど、社内のあらゆる部署との連携が必要となります。スピーディな改善を行うためには、顧客を中心とした円形のカスタマーセントリックな体制が理想的です。

その中核を担うのが、サービス進化チームです。課題に応じて各部署からプロフェッショナルをアサインします。

また、サービスを改善していく中で、次の新しいビジネスの芽を見つけて育てていく役割も担うので、事業全体の成長をけん引する欠かせないチームです。

これからのマーケティング

締めとして、これからのマーケティングについてお話しします。

将来、デジタルマーケティングという言葉は、なくなってしまうかもしれません。なぜなら、デジタルが当たり前になる時代がやってくるからです。

5G（第五世代移動通信システム）サービスが始まると、今よりも通信環境が良くなり、生活者は動画をはじめとした大容量データのやりとりが発生するサービスを、気軽に使うようになるでしょう。

また、IoTも進化します。デジタル家電だけでなく、予想もしていなかったモノが、インターネットとつながります。

朝起きて、会社に出かけ、帰宅し、寝るまでに人々はどんな生活をしているか。今まで知り得なかった生活者のデータが、取得できるのです。これは、より利便性の高い商品・

サービスが誕生する話に留まりません。

たとえば、電子レンジのIoT化が進み、調理前後の画像認識も可能になると、取得できる顧客のデータが増えます。野菜の切り方からラップのかけ方、どんな器を使っているかまでもわかり、先回りして顧客の成功を叶える提案ができるようになるのです。データなしのマーケティングは、あり得ません。

また、消費も変わっていきます。少子高齢化や労働人口の減少など、日本の経済が置かれている環境は、世界中を見渡しても前例がありません。これまでの消費の常識が、通用しない時代へと突入していきます。

そのとき、生活者はどんな暮らしをしたいかで商品・サービスを選ぶようになるでしょう。そのためには体験が必要ですから、モノを認知させ、購入意欲をもたせる役割だけを担っていた広告は、本当に終わるのかもしれません。

サブスクリプションに限らず、マーケティングは顧客の成功をつくり、暮らしを提案することへとシフトしていく流れにあります。

このような中、サブスクリプションはどうなっていくのでしょうか。

私は、プラットフォーム化とライフスタイル特化に分かれるのではないかと考えています。

プラットフォーム化とは、シェアを拡大し、パーソナライズを追求する形です。とくにクラウド型のサブスクリプションは、競合間でのシェア争いを経て、顧客からもっとも支持を集めたサービスが勝つでしょう。

そして、パーソナライズで顧客最適化を進めます。プラットフォームとして多くの顧客基盤をもてば、新たなサービスにも挑戦しやすくなるメリットがあります。

ライフスタイル特化とは、規模は小さいものの、顧客が心から「この暮らしが好き」という価値を大切にする形です。企業は、提案したい暮らしの方向性を示し、顧客が自分自身でカスタマイズできる余地を残します。オーダーメイドの化粧品やファッションなどが、想定されます。

これからはマーケターだけでなく、組織の中のすべての人が顧客とつながり、顧客が変化していく様子を理解し続けなくてはなりません。

売るまでがゴールではなく、変わり続ける顧客の成功に伴走し続けることがゴールとなります。

みなさんは顧客とどんな成功をつくり、どんな暮らしを提供していきますか。

サブスクリプションは、顧客の成功をつくる方法の1つであり、企業がこれからも成長し続けていくための戦略なのです。

おわりに

最後まで読んでいただきまして、ありがとうございました！

約10社近い企業で試行錯誤してきた中で得られた、私なりのサブスクリプションに対する知見をまとめさせていただきました。

サブスクリプションは、売って終わりのマーケティングから、顧客が使い続けたい気持ちづくりのマーケティングへの大変換であるとともに、顧客と長い関係をつくっていく、非常にやりがいのあるビジネスであると感じていただけたら、とても嬉しいです。

私が起業したときと比べると、サブスクリプションだけではなく、働き方も変わってきたと感じています。

起業直後に、オイシックス・ラ・大地（当時オイシックス）の代表である高島宏平に「西井さん、どうせ起業するなら、どっちもやればいいじゃん」といわれて始まった小さな会社の社長と上場会社の役員という挑戦。

5年たった今では、私と同じような働き方をする仲間が増えてきて、「マーケターのキャリア」というテーマで講演させていただくことも増えてきました。

何気なく始めた兼業ですが、今では当時の高島社長の言葉にとても感謝しています。そして2019年末から、ロボットベンチャーのグルーブエックス（Groove X）という会社のCMOとしても働き始めました。

「3社で3分の1ずつ働く」のではなく、「3社すべてで100%ずつ働く」という生き方にチャレンジしたいと思っています。とはいえ、一人で使える時間は限られています。シンクロ、オイシックス・ラ・大地、グルーブエックスのそれぞれで、たくさんの仲間にサポートしてもらっているからこそ、実現できることだと思います。

いつも助けてくれている仲間たちには大変感謝しています。

私は、世界を旅行するのが好きなバックパッカーでもあります。世界一周旅行は2回、これまで訪問した国は、141か国となります。

先日、仕事の合間を縫って、モンゴルへ行ってきました。そこで過ごした7日間はこれまでにない体験ばかりでした。

100キロメートルに及ぶ距離を馬に乗って移動し、夜は氷点下の中ゲルを張って野営。もちろん電波は届きませんから、衛星電話を用意し、幻といわれている桃源郷へと向かいました。

完全にインターネットと遮断された毎日は、新鮮以外の何物でもありませんでした。

私の持論は、「マーケターは旅に出よう」です。

これは、新しい価値観に触れることだけに留まりません。旅という日常から離れた環境だからこそ、判断力や決断力を養っていくことができるのではないか、と思っています。

実際にモンゴルでは、増水した川を前に、ここを渡るか渡らないかという決断を馬上で迫られました。こんな状況、なかなかありません（笑）。

インターネットの登場で、旅は大きく変わりました。2001年頃、私は旅の途中で「きれいな湖があるらしいよ」と地元の人に聞いて、偶然、ウユニ塩湖を訪れることになりました。

それから13年後の2014年に再度訪れた際、そこは写真を撮ってインスタグラムにアップしようとしている旅行客でいっぱいでした。

これは、昔は良かったという話ではなく、旅の目的が変わってきたということです。世の中の価値観が、モノからコトへ変わってきたのだと実感した出来事でした。

世の中の変化を自分ごととして理解する。旅という非日常は、マーケターのアンテナを研ぎ澄ますことができる格好のチャンスだと思います。

サブスクリプションは、これからも伸びゆくビジネスです。一方で、私が関わらせていただいている企業を含め、みんながチャレンジャーであることも事実です。顧客の成功に合わせて商品・サービスも変え続けていく必要がありますから、つねに答えがない中を判断し進まなくてはいけません。

それは、サブスクリプションだけでなく、これからのマーケティングすべてに共通することではないでしょうか。ですから、マーケターは旅に出て判断力を磨いてほしいのです。

マーケターとして駆け出しだったころ、当時は新しい領域だったデジタルマーケティングに挑戦する仲間たちと会社を超えて勉強会をしていました。

そのときのお陰で、今の私があります。成功体験を共有していくことは、その業界の成長につながります。

この本でご紹介したことがみなさんのお役に立ちますように、という願いを込めて本書の締めにしたいと思います。

2019年12月　西井敏恭

本書に関するお問い合わせ

正誤表　　　https://www.shoeisha.co.jp/book/errata

刊行物Q&A　https://www.shoeisha.co.jp/book/qa/

●郵便物送付先およびFAX番号

送付先住所　〒160-0006　東京都新宿区舟町5

FAX番号　03-5362-3818

宛先　（株）翔泳社 愛読者サービスセンター

●免責事項

＊本書に記載されたURL等は予告なく変更される場合があります。

＊本書の出版および読者特典データの提供にあたっては正確な記述に努めましたが、著者や出版社などのいずれも、各内容に対して何らかの保証をするものではなく、内容やサンプルに基づくいかなる運用結果に関しても一切の責任を負いません。

＊本書および読者特典データに記載の会社名、製品名はそれぞれ各社の商標および登録商標です。

＊本書で紹介した製品・サービスの情報は2019年11月時点のものです。

読者特典（会員特典）ダウンロードデータについて

本書では、内容をより読者の皆様にお役立ていただくため、以下のダウンロードデータを用意しました。Excelシートは、実際に数字を入れてお使いいただけます。

・サブスクリプションの事業計画を立てるExcelシート

●ダウンロード方法

読者特典（会員特典）データは、以下のサイトから、翔泳社が運営する無料の会員制度「SHOEISHA iD」に登録することで入手いただけます。

https://www.shoeisha.co.jp/book/present/9784798163260

※データのファイルは圧縮されています。ダウンロードしたファイルをダブルクリックすると、ファイルが解凍され、利用いただけます。

●注意事項

※本データに関する権利は、著者および株式会社翔泳社が所有しています。画像に関しては必ず©の表記を入れた状態でご利用下さい。ご不明な点は、以下の問い合わせ先窓口までご連絡下さい。

※読者向けの資料のため、第三者へのデータ送付やWebサイトへの転載、商用利用はお控え下さい。

※本データの提供は予告なく終了することがあります。あらかじめご了承下さい。

［著者紹介］

西井敏恭（にしい としやす）

株式会社シンクロ代表取締役社長、オイシックス・ラ・大地株式会社執行役員CMT（チーフマーケティングテクノロジスト）、GROOVE X株式会社CMO。1975年5月福井県生まれ。2001年から2年半にわたって世界一周しながらアジア、南米、アフリカ各地で旅行記のWEBサイトを更新。そのサイトが人気になって、旅行記を出版。WEBの面白さに惹かれて2003年頃からEC企業にてマーケティングに取り組む傍ら、旅行を続けて訪問した国は140か国以上。世界一周したデジタルマーケティングのプロとして、ad:techをはじめ、全国での講演、雑誌などメディア掲載も多数。株式会社シンクロでは、主に大手企業のデジタルマーケティングや、スタートアップ企業のサブスクリプションなどをサポートしたり、自社でもマーケティングの教育事業「Co-Learning（コラーニング）」サービスなどを展開。オイシックス・ラ・大地では執行役員としてサブスクリプションモデルのEC戦略を担当している。2019年より、ロボットベンチャーGROOVE X株式会社のCMOも兼務。主な著書に『世界一周 わたしの居場所はどこにある!?』（幻冬舎）、『デジタルマーケティングで売上の壁を超える方法』（翔泳社）がある。

ブックデザイン　小口翔平＋山之口正和＋三沢稜（tobufune）
DTP　BUCH^{+}
編集協力　水谷真智子
校閲　鴎来堂、翔泳社 校閲課

サブスクリプションで売上の壁を超える方法（MarkeZine《マーケジン》 BOOKS《ブックス》）

2020年1月23日　初版第1刷発行

著　者　西井敏恭《にしい　としやす》
発行人　佐々木幹夫
発行所　株式会社翔泳社（https://www.shoeisha.co.jp/）
印刷・製本　日経印刷株式会社

ISBN978-4-7981-6326-0　Printed in Japan